文学常青藤丛书

扬起弘毅的风帆

郝建国 吴欣歆 主编

本册主编　李建鹏

副 主 编　焦瑞更　边　一　赵　磊

编　　委　张淑青　王伟雄　王梦雅　韩佳萍　张文慧

谷雨竹　蔺晓轩　张玉玲　赵兰芳　徐　甄

崔　乐　杜海娟　戎娟丽　郝雪娇　周艳永

花山文艺出版社

河北·石家庄

图书在版编目（CIP）数据

扬起弘毅的风帆 / 李建鹏主编. -- 石家庄 : 花山
文艺出版社，2025. 1. --（文学常青藤 / 吴欣歆，郝建
国主编）. -- ISBN 978-7-5511-7402-2

Ⅰ. I217.2

中国国家版本馆CIP数据核字第2024Z5S680号

丛 书 名：文学常青藤
主　　编：吴欣歆　郝建国
书　　名：**扬起弘毅的风帆**
　　　　　YANG QI HONGYI DE FENGFAN
本册主编：李建鹏

统　　筹：闫韶瑜
责任编辑：郝卫国
责任校对：李　伟
美术编辑：陈　淼
出版发行：花山文艺出版社（邮政编码：050061）
　　　　　　（河北省石家庄市友谊北大街330号）

销售热线：0311-88643299/96/17
印　　刷：石家庄名伦印刷有限公司
经　　销：新华书店
开　　本：880毫米×1230毫米 1/32
印　　张：11.625
字　　数：240千字
版　　次：2025年1月第1版
　　　　　2025年1月第1次印刷
书　　号：ISBN 978-7-5511-7402-2
定　　价：38.00元

总　　序

2022 年春节，花山文艺出版社社长、总编辑郝建国打来电话，商量共同策划一套中学生"创意写作"丛书。当时，我正在反思应试作文的正面作用和负面影响，确定了样本校，想做一点儿"破局"的教学实践，目标是使学生在学会写作的一般规则的同时又能够自由表达。恰逢其时、恰逢其人、恰逢其事，一次通话就确定了合作意向、基本方向、大致的工作进程，很是痛快。

但我不想用"创意写作"的概念，因为创意写作是一个成熟的学科，有专门化的人才培养方案，而中学课程方案中没有设置这一学科。早在 1936 年，美国艾奥瓦大学就已经有了创意写作艺术硕士（MFA），此后，艾奥瓦作家工作坊在英语国家广泛推广，继而在全球范围内产生了深远的影响。在我国，2007 年，复旦大学开始招收文学写作专业的硕士研究生，2009 年正式设立了创意写作专业硕士学位点；2011 年，上海大学成立了创意写作创新学科组；2014 年，北京大学中文系成立了创意写作教学团队……据我了解，目前全国有二十所左右的高校招收创意写作专业硕士，课程内容涵盖小说写作、诗歌写作、媒体写作、传记写作等多种文体类型，有明确的培养目标和教学方法。虽然有些中学开设了创意写作的校本课程，但我的目的不在于推广这门课程。我主张用创意写作的学科知识指导中学写作教学的变革，在概念上使用课程文件用语——创意表达。这一想法得到了出版社的支持。

在我看来，所有的写作对学生而言都是创意表达，都需要借助生活经历、语言经验、知识积累、思维能力，把想法变成实际存在的文字，即便是严苛的学术写作，也能够体现出学生的个性特点。对于成长中的学生来说，写作除了具有学习功能、交际功能、研究功能，还有重要的心理建设功能。写作的内核是面对真实的自己，面对真实的情感体验，用文字表达的时间是学生认真面对自己的时间，如果能够自由地表达出自己的想法，就能够很大程度上实现心理重建。

娜妲莉·高柏在《心灵写作》中把写作称作"纸上瑜伽"，她倡导学生每天自由自在地写十五分钟，直接记录脑子里随机出现的词语和句子，记录眼前的事物，记录此时此刻的体验和感受，不管语句是否通顺，内容是否符合逻辑，不管要表达什么主题，就一直写一直写。这样的写作，显然有助于克服书面表达的恐惧与焦虑，有助于克服因为期待完美而导致的写作拖延。学生奋笔疾书之后会有一种释放感，一种绷紧之后的放松感，书写的畅快足以改变不良的心理状态。

写作工坊比较常用的练习方法大多能够引导学生的思维自由延展，比如曼陀罗思维法，又被称为九宫格法，就是将自己的某个观点写在中央的格子里，围绕这个观点进行头脑风暴，将其余八个格子填满，继而再辐射出八个格子，两个轮次的头脑风暴，核心观念迅速衍生出六十四个子观念。 再如第二人称讲述，用"你"开头，写下你看到的、听到的、嗅到的、触摸到的、反映出的、联想到的各种信息，连贯地用文字表达自己真实的见闻与感受。 又如庄慧秋的《写出你的内心戏：60个有趣的心灵写作练习》，提供了六十种开头提示语，其中包括"我喜欢""我讨厌""我热爱""我痛恨"等自我情绪表达的提示语，以及自我形象变形的提示语："如果我是一棵植物，那我就是……""如果我是童话故事中的角色，那我就是……""如果用一幅画来象征我自己，那我就是……"

这些方法都可以在写作教学中运用，帮助学生感受到自由思考的快乐，在相互启发中打开书面表达的广阔世界，帮助他们实现创意表达。

对于中学生的创意表达，我有三点想法。

第一，放松写作体裁限制，用自己的方式记录看到的社会生活，表达真实的情感体验。 中学写作教学存在为体裁找内容的现实问题，学生非常熟悉记叙文、议论文的套路，习惯按照既定体裁框架填充写作内容，这是违反创作规律的。 合理的状态是，学生有见识、有感悟，有表达的目的和对象，为了实现目的寻找合适的表达方式。 体裁可以自由选择，甚至可以自由创造，我们要鼓励学生为自己的内容找到合适的形式。

第二，拓展写作内容边界，在广阔的社会生活中发现写作的内容，探索写作的价值。 美国非虚构作家盖伊·特立斯的作品集《被仰望与被遗忘的》，从微观层面记录了纽约的城市风貌，关注各种人和他们背后的故事：俱乐部门口的擦鞋匠、高级公寓的门卫、公交车司机、大厦清洁工、建筑工人等。

我们要鼓励学生写他们熟悉的、他们经历的、他们知道的，鼓励他们写出自己眼中的世界图景。

第三，重构写作指导模式，建立师生协作的创作团队，形成完善的创作流程。中学写作教学习惯"写前指导"和"写后指导"，写作过程中的指导尚未受到充分关注。Perry-Smith 和 Mannucci 在前人研究的基础上，根据创意过程中不同阶段的需求将创意过程划分为创意产生、创意细化、创意倡导、创意实践四个阶段。学生的初步想法，很多时候是"灵光乍现"，教师要有一套办法组织学生分析原始创意，征集延伸性的内容与想法，整合收集到的信息，帮助学生完成创意的修改、发展，有序完成从创意到作品的实践过程。

《义务教育语文课程标准（2022 年版）》设置了"文学阅读与创意表达"任务群，《普通高中语文课程标准（2017 年版2020 年修订）》设置了"文学阅读与写作"任务群，对学生使用书面语、发展创造力提出了明确的要求。本套书选择的学校大多为区域名校，学生的创作和教师的指导体现出落实课程文件要求的原则与策略，期待能够引领更多学校、更多师生的创意表达。需要说明的是，这些学校的师生不仅重视创意表达，而且极为重视语言运用的规范，他们热爱国家通用语言文字，热爱中华文化，对中华文化的生命力有坚定的信心，他们的创作在弘扬中华优秀传统文化方面，也做出了良好的示范。

2023 年元旦于北京　吴欣歆

序　言

　　在快节奏的时代，我们愿做热爱文学的理想主义者；在校园的青春时光中，我们渴望文学的滋润。 中学时代如林间小径，幽暗和光明交替出现。 无数的人生道路在面前展开，等待着你去选择。 文学是中学生探索世界的方式，也是理想中的桃花源。 在文学中，他们渴求着真理，思索着人生的意义。

　　"弘毅"二字，是我校校训，源自儒家经典《论语》，意指抱负远大、意志坚强。 在这些年轻作者的笔下，"弘毅"不仅是一种精神状态，更是一种行动指南。 在懵懂迷茫的青春期，每个人都在寻找属于自己的声音，而文学则提供了一种独特的途径，让心灵得以自由地表达和探索。 今天，我们有幸集结了一批特别的声音——一群中学生的创作成果，他们用文字编织梦想、记录成长，也通过这些作品向世界展示了自己的思考与想象。

　　翻开这本作品集，你会发现每一页都充满了青春的气息。 这里的故事、诗歌、随笔等不同形式的文学作品，不仅展现了中学生丰富的想象力，更反映了他们对生活细致入微的观察和理解。 从校园日常到对未来的憧憬，从家庭琐事到社会现象的思考，每一行字背后都承载着一颗颗渴望被听见的心。

读着一行行纯朴而真诚的文字，体会那些青涩却真挚的情感，仿佛能听到青春的脚步声在耳边回响。 每一篇文章都是一个小小的宇宙，蕴藏着作者对世界的理解和想象。 值得一提的是，这部作品集中还包含了对当下社会的关注和思考。年轻的心灵总是敏感而好奇的，他们用自己的视角去观察世界，用文字去探讨问题，这份勇气和责任感值得我们每一个人学习。

"世界上只有一种英雄主义，就是在认清生活真相之后，依然热爱生活。"我们希望每一位读者都能从这些文字中汲取力量，无论是面对学业还是人生中的挑战，都能像这些年轻作者一样，勇敢地扬起"弘毅"的风帆，乘风破浪，勇往直前。也希望通过这本作品集，鼓励更多的年轻人拿起笔来，勇敢地表达自己。 文学不仅仅是一种艺术形式，更是连接过去与未来、沟通彼此心灵的桥梁。 每一个故事都有其独特价值，每一种声音都值得被聆听。

最后，感谢所有参与本书创作的孩子们，是你们赋予了这本书生命；同时也感谢所有阅读本书的人，是你们的理解和支持给了这些年轻创作者继续前行的动力。

石家庄市二中西校区 (第五中学)　李建鹏

目　录

散　文　卷

小说、剧本篇

诗　歌　篇

文艺评论、时事评论篇

散 文 卷

引　言

中学生最爱写的，就是散文。它是情感表达的最佳载体。在这个成长的十字路口，他们感受到了友情的温暖、亲情的呵护、学业的压力以及对未来的憧憬与迷茫。散文以其自由灵动的形式，允许他们不受拘束地抒发内心的喜怒哀乐，将那些难以言说的情愫化作一行行文字，如同夜空中最亮的星，指引着心灵的方向。

同时，散文也是中学生探索世界、思考人生的重要工具。在这个年龄阶段，他们开始对世界有了更多的好奇与疑问，对生命的意义、价值的追寻也悄然萌芽。散文的包容性让他们能够自由地穿梭于现实与想象之间，通过文字与古今中外的智者对话，在思考与感悟中逐渐构建自己的世界观、人生观和价值观。

翻开散文卷，就像步入了一座百花园，每一篇文章都如春苗般清新向上，展现着中学生们机敏的才智和对生活的独特感悟。这些文字，是他们心灵的写照，也是他们成长的见证。

孟春三月，莺飞草长，这些孩子们在青春的田野上奔跑、探索，用他们的笔触记录下成长的点点滴滴。从对生活的细致观察，到对未来的美好憧憬，字里行间都充满着活力和希望。

这些散文不仅仅是语言文字的创意组合，更是发自肺腑的真情流露和对大千世界的洞悉理解。篇章间，可见孩子们如何从日常生活的琐碎中提炼出深刻的哲理，从学习的苦涩中品味出成长的甘甜。他们的文字，像春天的雨露，滋润着我们的心田，让我们感受到青春的力量和希望。

在成长的道路上，每一个挑战都是一次历练，每一次成功都是一次鼓励。这些孩子们用自己的方式，诠释着什么是青春、什么是梦想。他们的文字，是对未来的憧憬，也是对现实的反思。

我们期待本卷能够激励更多的年轻人，用他们的笔记录下自己的成长历程，用他们的智慧去探索这个多彩的世界。因为，正是这些文字，构成了我们对青春最美的记忆。

又 见 江 南

◎初三 1 班　钱茹雪

今夜露水浓重，温度骤降带来的寒气和潮气顺着风吹向我，我手中拿着团扇学着江南女子般倚靠在亭栏上，也梳着江南女子样式的头发，一身素绿的一片式裁剪的改良旗袍，这些看起来不怎么协调的东西搭配在我身上竟然也没什么不妥的，晚上露水重，亭边灯暗，只一圈蛾子在灯周围扑棱扑棱。

昨夜收到母亲来信，阿祖病重，所以我需去趟江南。我本是江苏常州人，家住金坛的一个小地方，鼓楼庙宇，墙角屋檐，风吹影动，遇到烟雨时节，雨后便是水汽氤氲的小镇，可谓古色古香的江南镇。因少时迷恋北方的雪，我十六岁时便离开了家乡，在家中，待我最亲最好的就是阿祖。阿祖是个温柔的女人，江南女子的风情在我阿祖的身上体现得很完美，我记忆中的阿祖有一头秀发，乌黑的发中也带几缕银丝，流经岁月痕迹的脸也时常是红润的。阿祖是个爱笑的人，她笑起来的声音是温润的，嘴巴总是抿起来笑。记忆里的阿祖总是喜欢穿着一件墨兰的衣裙，每当和阿祖出门找不到阿祖时，那一抹墨兰便是她显著的标志，阿祖在我的记忆里占一半美妙的时间，另一半的美妙便是我的故乡——常州。

我在亭子里坐着，等待天明坐船出发，夜里很静，没什么人声，只有些许虫子的鸣叫声。我抬头向空中看去，一轮金黄的明月在天上挂着，月亮灿黄而圆，像极了我离别时的故乡月，那时月桂花开，我执意要走，阿祖知劝说不住，给我手腕上戴了一颗红豆，她说："既然囡囡要走，那就走吧，但是红豆要戴着，红豆相思。"那是阿祖对我的一种不舍。

在我的回忆里天终亮，船也到了，我提裙上船，去了江南，风景变换，暮色降临，山月不眠，我一觉醒来到了我记忆中的真江南，到了我的故乡江苏。船靠岸停下，我随之下船，微风轻拂，一股潮湿的水汽扑向我，城墙楼角，灯火闪闪。青石砖的小路，是我记忆中的路，我沿着心口的记忆，走向了脑海里的门，路上一堆市井女人坐在石桥口闲谈，见了我就聚在一起盘问，东问西问的真叫人烦，我糊弄过了她们便继续走，终于在一堆兰花后找到了我的家，兰花是我母亲喜欢的花。我在门口轻叩，等了一会儿后，门终于开了，映入眼的是我的母亲，母亲和阿祖长得相似，不同的是眉眼，阿祖的眉眼温良，圆润的眼睛是她最具辨识度的，而我母亲的眼睛虽也含水，但看起来悲凉，像是有许多故事的人。经历过岁月的打磨，我母亲杨兰的眼睛看起来更苦楚了，像有说不尽的心酸，母亲开门见是我，顿了一下，便激动地朝里屋喊去："囡囡回来了！是囡囡！"母亲拉我进了里屋，说道，"囡囡，你阿祖前些日子染了风寒，这些天一直不见好，反而越来越厉害了，镇上的大夫说快不行了，你阿祖平日最疼爱你，所以我们叫你回来看看你阿祖，别错过了。"

"我知道的母亲，我一收到你的信就赶回来了，我知道阿祖大概情况了，我这几天就不走了，陪陪阿祖也陪陪你们。"

"我去看看阿祖。"

"在第二间屋子。"

"好。"

我进屋看见阿祖卧在床，阿祖虽然病了，但并没有因此变样，虽不如从前那样有朝气，但仍然温柔。阿祖年事已高又卧病在床，无法再与我闲谈了，我坐在床边摸着阿祖的手，阿祖像感应到了一样拍了拍我的手背，向上摸索，摸到了离别之夜她给我的红豆。她摩挲了好久我的手，粗糙的感觉激起了我的回忆，我儿时也是被这粗糙的手摩挲的，我不禁流泪了，眼泪夺眶而出，滴落下去。阿祖看见我哭后拍了拍我，艰难地开口："囡囡啊，回来了就好，咱不哭，夜里天气凉雨水多，多穿点儿。"她的声音还是温润的，但也带上了凄苦的感觉，阿祖像是知道自己要走到尽头了，便又拍了拍我，最后抿起嘴笑了一下便闭眼了。我后知后觉反应过来后，强忍眼泪走出了房间，我眼中带泪地看向母亲，母亲像是感应到了，便立马拉着父亲进屋了，我与母亲擦肩而过时，母亲拍了拍我的背，意思是让我不要太伤心，我便转身下楼向院中的月桂树下走去。

我的眼泪如珠线一样掉落，我身体抽动着掩面哭泣，我没有痛苦，我只是眼泪收不住地哭，无声地哭泣。我蹲在阿祖给我栽的树下，抬头一望月又圆了，和离别之夜如出一辙，脑中画面是晚风吹起的白发，是廊前檐下小声诉说的"我还会见到你吗？你会偶尔想我吗？"。人生的聚散仿佛每次擦肩，回首时的那一温润眼眸，是你吗？往事如远山一样，又似江南烟雨，记忆朦胧中，我又闻到了月桂香。

指导教师：徐　甄

师 魂 永 驻

◎初三 3 班　周楚翔

　　余师，幽州人也。自壬寅虎年始教于二西（二中西校区），尔来四十又三年矣。溘然长逝，师德永存也。树桃李四十三载，鞠躬尽瘁六十秋。夫子去我远矣，使我追念不已。

　　三十年从教生涯，爱校如家，勤勤巧益，任劳怨，励精究文章。为弟子，呕心沥血；为弟子，循竟忘寝食。特勤后进之徒，尤至密致，待以容灿之笑温其心；以身为雨露之所爱，烛泽之所润，使变为进取之善者，助之以成业。

　　吾师人缘好，清风劲实，热心肠。同僚皆言：譬吾师入案，其守不十足。与吾师交至，如春风然。其居庸之流，默献耕耘，为二西之教业实献实。宜曰：臣师身者，劳生之极，鞠躬者也。

　　余师逝，不留一言，吾学失一师，世失一好民，使吾哀心痛欲绝。精神永驻，师魂不朽。忆往事，历历在目，悼故人，倍思。吾等信之，卒一命，所存不朽之神。且学其诚心待人，观其情况，当学其勤而不作。崇行其至公，事其敬业风，将为吾永习之法，永为吾过去。

今又是一年一度教师节也。吾师顾庆龙，吾欲尔，恩遇之。师魂永驻，九三岁月扬金韵；薪火长传，一世情怀谱赞歌。

指导教师：赵兰芳

月夜下的村落

◎初三3班　张　冰

  "星垂平野阔，月涌大江流。"古人常言，星星垂在天边，平野显得宽阔。月光随波涌动，大江滚滚东流。在深邃的夜空中繁星闪烁，皎洁的明月指引前方的道路。在这片夜幕笼罩下的村子里，有一群小孩儿在谈论理想，"你以后想去哪里?""我以后想去外面的城市"……我们忽然"走散了"，原来是理想实现了。

  跟随父母，离开了乡村，来到了梦寐以求的城市，上学、工作……每天都在做千篇一律的事。一天在加班结束的夜晚，路过公园时，我听到了一群小朋友在谈论理想。他们的话瞬间把我的思绪拉回了几十年前的夜晚，也是几个小孩儿同样在谈论理想。望着天空，不同的是——这次没有了"明月"和"星星"。

  此刻，我才真正地意识到，我所向往的地方真的是我想要去的吗?我内心所向往的不过是平淡的生活，可惜初心已改。数十载过去，我早已忘记了故乡，只记得屋顶飘散的袅袅青烟，与夜晚的星空，如今我已经没有了故乡，可是游子的思乡之情怎么能停？

　　身处异乡，生活在那陌生天空下面的城市，看着那不同肤色的张张面孔，都令我深深地怀念生我养我的故乡。从华北平原上走出来的我，摇摇晃晃、坎坎坷坷地踏上了异国他乡的城市腹地，注定收获的是人生旅途的孤独。

指导教师：赵兰芳

窗　外

◎初二1班　张栩涵

　　天下难事，必作于易，天下大事，必作于细。是
以圣人终不为大，故能成其大。

——题记

　　几枚硬币静静地立在窗边。如果没人说这是在时速 290 千
米的高铁上，恐怕不会有人想到。我默默地靠在座椅上，想听
到一丝风割在车身上的声音，想看到硬币因车身的震动而倒
下。这是多么不切实际的想法！看看窗外，这是中国广大的山
区；看看窗内，这是奋进的中国人民。山区中应该不会有什么
大规模建筑，但当你看到那宏伟的太阳能电站时，你才会发现
自己是多么无知！太阳能电站这类事物不仅让我们感受到了我
国实现碳中和的决心，更让我们看到了一个有担当的大国该有
的样子。看看窗外，这是中国的新希望。

　　2020 年，嫦娥五号载着中华儿女心中的千百年来的希望，
从月球带回了月壤。那一晚，我难以入睡，回头看向窗外，仿
佛自己看到了嫦娥五号返回地球时的景象。我们可以很自豪地

说，嫦娥五号计划，只是中国取得的成就之一。除此之外，我们还打赢了脱贫攻坚战，拥有了国产大飞机……这些事哪一件拿出来不够振奋人心？哪一件拿出来不够震撼世界？

在这个变化无常的时代，中国有方向，更有力量，但这世界上也有许多未知困难。

我坚信我们可以战胜困难，正如词人晏殊在《蝶恋花》里那一句：昨夜西风凋碧树，独上高楼，望尽天涯路。

指导教师：崔　乐

冀秋景韵

◎初二2班　李明隆

冀秋之景，自成一派，不复重矣。古曰："秋乃万物之衰，可悲。"然而有梦得曰："我言秋日胜春朝。"我不认为古知之也。

我自以为秋之山水景，漫山红遍，似火烧之景。入山林，则叶红花艳，山风时啸，回荡不绝，此不若夏风热烈，冬风凄冷。花叶摇动，群鸟并起，穿于林间，顿时生机鹊起。山中有流水独响，鱼儿穿于藻林之中，水面上飘零落叶，似舟在急湍之中穿行，不可遇见矣。

登极远眺，见良田金黄，余村炊烟袅袅，生于地，腾于天，化为云，聚云为雨为雾也。

秋之水景。雾气为先，细雨次之。云雾缥于山间，缈于道中。在其中不见前后之景物也。进雾气，衣沾湿，小虫叫，鸣鸟立，听声处，不见人，如迷城也。然而此境可使身心舒畅，除世尘之杂，心以静谧。

雨不似雾浓，但绵长，润万物，然寒矣。每逢雨，山野翠红，江波荡荡，孤舟行止。蛙鸣欢，燕归巢，鱼溯游，雁南飞。

冀地，民风淳朴，更有良田千亩，水流纵横。古为七雄之赵都，历史之雄地，亦为直隶之地，保卫京畿。

冀地之秋韵，可以言表；但桑梓地之思，难以言说。

指导教师：崔　乐

窗　　外

◎初二1班　夏启悦

　　窗外景色，像幅画似的总挂在墙上，每天的画还可能各不相同。窗外的风景总是那么秀丽，但人带着不同心情去看时，那又是另一幅画。

　　傍晚，一阵隐隐传来的雨声吸引了我，抬头向窗外望去，路旁的桂花树正在风雨中摇曳。雨一开始很小，它落在桂花树的枝叶上，很快便滑了下去。但树，对此似乎毫不在意。雨又开始慢慢变大，豆大的雨点落在桂花树上用力拍打着树的枝干，树开始动摇，这还是不算什么，一棵在地下有着粗壮的根的树怎么可能这么容易地倒下？雨开始倾盆而泻，它肆意地虐待着桂花树和树上的每一朵花。娇嫩的桂花毫无防备，一朵接着一朵，一瓣接着一瓣地散落在地，狼狈不堪……

　　这也正如我的考试试卷，那早已被我揉得面目全非的考卷。每一次的考试，都如同这场大雨，让我心中的那片桂树林，变得一片狼藉，遍地都是零碎的桂花。我一边想着，又一边用手轻轻拭去挂在脸庞的泪珠，泪珠的模样，似往日桂花繁茂的模样。当我抬头再望向那桂花树时，却惊奇地发现树上的桂花并未掉落，仍在枝头，在这狂风暴雨之中，依然坚强地在树梢昂首。我想下楼，去为那些花骨朵儿撑上一把伞，不再让它们受到伤害。但我没有这样做，我也不能这样做，那一个个含苞欲放的花骨朵儿，真正需要的就是这样的风雨，经历这雨，它们才能摆脱束缚，绽放出美丽的花！我何尝不是这样？我竟还沉浸在自己的世界中，一次次的考试，一次次的失望，却不知自己已变得如此颓废，又怎会醒悟？

面对不幸的境遇，人最容易心灰意冷，容易失去信念、厌弃生活。然而，我也不可否认这种境遇是人生的一块试金石。正是在这境遇下，努力的人，可以获得新生，而气馁的人，则让生命在其中枯萎。而我，一定不要气馁。几天后，雨过天晴，窗外那棵桂花树的枝头，又绽放出了娇嫩的桂花，很香，很美……

指导教师：崔　乐

窗　外

◎初二2班　郑孜瑶

窗外，往常灰头土脸的天空总算有了变化，那是如母亲般的秋来了。

这位沉静而端庄的母亲，似乎是在不经意之间光临大地的。落下的每一滴雨露，都仿佛是一颗纯净而晶莹的宝石。这雨啊，总有种神奇而独特的魔力。它润了大地的脸，换了树的装，让百花结了果，让百果飘了香。掬一捧置于鼻前，心脾里早已充满稻香、谷香与果香。这香味儿呀，似乎在这纯净的宝石里酝酿了许多时日，只等着溢出来，溢出来。

我听得见它敲击玻璃窗的声音，像一首优雅的乐曲，深沉典雅，平静和谐，令人心生爱慕。无论它吟咏多久，你都不会心生厌恶，你眷恋它犹如眷恋自己的母亲。

透过窗户远望，秋忙的第一个冲锋号已然吹响，雨正滋润着地里秋播的作物，冬小麦、油菜籽、小青菜们玩命般地吮吸着上天赐予的甘露，然后，借着雨水向人们传递香甜的气息。农民终于解开眉头的疙瘩，笑得比咧开嘴的红石榴更美。只要再酣睡那么一小会儿，他们辛苦侍奉大半年的庄稼，准会以最丰满的姿态展露在自己的面前！

　　时光轻悄悄地过去，秋雨似乎听到了他的脚步声，在不经意间放缓了自己的节奏。窗外，远处橘色的屋子，似披着袈裟的老僧，合目垂睑，沐浴在秋雨中。潮湿的红砖与墙底碧绿的菜畦互为映照，美得让人心颤。

　　窗外，这如母亲般沉静的雨啊，就这样一如银灰色的蛛丝般织就一张轻柔的网，网住整个秋的世界，也网住我原本躁动不安的灵魂。

指导教师：崔　乐

窗　　外

◎初二1班　魏煜璨

　　窗外，天空清亮亮的，洁白无瑕，泛着柔和的光，轻轻洒落在我的书桌上，干净，清新，空灵，美好。

　　小城仍然在沉睡，我已欣然起行，伫立窗前，于万物未觉之时窥探其容颜，初来乍到的清风，悄悄拂起心底的涟漪。

　　远处的山笼罩着薄雾，盖不住黑绿的山色。山和山都拉起手了，于是雾与雾也连绵了，围着这座城，就像一个舒适的摇篮，从另一个角度望去，一座座山巍峨拔地而起，山峰一座比一座高，一座比一座更有磅礴之势，以至日光所及之处的山峰似已深插苍天之中，成为盘古开天辟地时的一根顶天立地之柱。

　　晨风微凉，我看见灯火掩映下的野山发出荧荧的光，在这静悄悄的时刻，为自己许下承诺。"夹岸高山，皆生寒树，负势竞上，互相轩邈，争高直指，千百成峰。"想来吴均所描绘的高山奇景，正是如此吧。不论将要面对怎样的环境，山们都选择在最青春的时节忘我地向上向上，不惧路远，仍愿梦长，用它们壮阔的身躯突破烟雾缭绕的迷茫，野蛮生长。

天地清亮，水也清亮，旬河的水泛着粼粼波光，是恬静沉默的少女，一袭长裙上宝蓝与翠绿两种颜色相互碰撞，闪烁出原始的生机与活力。河风呼啸，流水潺潺。她不断地奔流着，夜以继日，昼夜不停。她焕发着生命的活力，她要去滋润大地，在世界某些地方，定有鸟莺相鸣，狐兔出没，人傍山而居，一切依偎在她的怀里。那是多好的景象啊！倏地，两三白鹭映入视线，宛若素蝶翩翩飞，渐渐隐匿花草间给人痴迷之感。正入神时，谁家的公鸡一声啼叫，叫醒了崭新的一天。

楼下街道的灯，一盏盏灯熄灭，天越发明朗，路人略多，却也都行色匆匆，任十月微风走街串巷，低吟浅唱。楼旁的一根榆树兀自站着，绿意正浓，山上的几株爬山虎妖艳若枫，红绿相杂，就像榆树生了红花，我也暗自惊奇和庆幸——默守一方的榆树得到了上天的馈赠。但我也知道它不会只在那里静默着，它曾经幼小，它也曾因环境恶劣而埋怨上天的不公，在孤独在黑暗中气红了眼，它曾经纯朴，也想要长成参天大树，在阳光下怡然自乐。即使在道路边，它也要自己活得出彩。如今，行人将会赞叹，"多美的景致"！榆树随之一笑，"多好的世间"！然后，仍本持初心，向着阳光默默成长。

风的手指一拨，拨开了树叶的沙沙音韵，拨来了何处而起的清雅芳香，偶是鸟啭，一声，两声，五声，八声……

指导教师：崔　乐

窗　外

◎初二2班　赵梓凝

窗外，古老香樟树，撑起一片天。

阳光如碎金般洒下，却不偏不倚地照在我的心房。忽然间想起那年的这个季节，似乎也是这样宁静。只是已经物是人非。

不经意翻开了过往，积蓄的记忆瞬间在心间荡开，落了一地忧伤。

叶离了枝，眼见着一地落叶。眼眸中忽然浮现出那个因落花而哀泣的女子。

"花谢花飞花满天，红消香断有谁怜？"耳畔滑过一声喟叹，哀伤亦无奈，对着一地的落花和那流水潺潺的芳心闸，吟出"冷月葬花魂"。

黛玉，那个让人心疼的女子曾多少次令读者潸然泪下。"茜纱窗下，我本无缘，黄土垄中，卿何薄命"，这是不是就昭示着黛玉的结局呢？或许，那个结局是最合适不过的吧。视线中若隐若现，那如月般皎洁的身影被夕阳拉得好长、好长……

眼望树梢蒙上了几抹阴影，黯淡了春的颜色，我想盛夏是否会更加狂热？金秋是否会更加飒爽？严冬是否会更加凄寒？

行吟山水，一梦千年。看过姹紫嫣红，莺飞燕舞；又见竹风穿庭，碧荷生香；看过落霞孤鹜，秋水长天；又见素雪纷飞，寒梅傲枝。

一丝愁绪，几抹悲凉。黄昏是此岸，是破晓前最飘逸的伏笔；黄昏是彼岸，是破灭前最惬意的结局。此岸、彼岸，连接起来便是整个人生。笑叹红尘，东边，谁在为谁谱着歌；西边，依旧黄昏，烟云而过。窗外有点点灯火绵延万里，片片薄云随风飘散。

天际最后一抹余晖投到桌上，书页缓缓闭合，伴着风拂过老树的枝丫，我合上眼，心中久久回荡着书中的景象，那里有红尘纷扰、万家灯火、喧嚣人间……

指导教师：崔　乐

清　雨

◎初三5班　郭雨萌

　　秋至夏去，淅沥的雨声冲刷掉了最后一丝燥热。自行车驶过那熟悉的长巷，天空渐暗直至为墨色，即使是在梦中，也必须撑着把伞穿过这潇潇清雨。记忆与现实交叠，淅淅沥沥凄凄，我疾行越过那坑坑水洼，张开手臂踏入雨中。

　　几只鸟儿掠过头顶，我不自觉抬头望去，偶然间注意到云的灰暗淡冷，似是几年前，冷冷惨惨，唯有巷旁那小树可以勾出一抹颜色。云不知在思念着谁，心渐愁，泪渐落，雷也跟着悲鸣，世间于是乎被一层悲伤笼罩，清清小雨，似是云朵的倾诉，暗淡的情感顺着雨水钻入心尖，记忆中的清雨也在此变得灰暗。我悄悄收回了手，握紧，试图冲过那被潮湿笼罩的天空。猛然惊起看见那勃勃枝叶，轻拂摆动，青青翠翠，好似在欢迎着清雨的降临，许是曾经那抹颜色更甚，引得长巷也变得葱郁，蝴蝶盘旋其中，翩翩跹跹行过雨滴，清冷带来的悲伤似是随着新绿一并消除了。

　　重新观赏清雨，它既不是密密匝匝猛劲敲打，也不是毛毛几滴一瞬而过，而是朦朦胧胧使人醉入其中。我想，那大概更像是一种乐器，可以弹奏出古老的韵律，滴滴答答没有重复，明明沉入耳中，衬托出秋景，渲染了情趣，淅淅沥沥，清雨伴我的时间与记忆等长，翠色欲流。长巷仍在，自行车驶过长巷，愉悦之情悄悄然落进心尖。

指导教师：戎娟丽

长白之山，自然之歌

◎初二3班　邓哲元

听，长白的怒吼！望，自然的愤然！

——题记

长白山，大自然的鬼斧神工造就了其如神龙盘踞般的英姿。几万年的暗涌成了如今天池的平静。

于长白山脚向天空仰望，山体直入云霄，隐约还可以看到山顶常年不化的积雪。山上的石头路比较难走，过了很长时间才到半山腰。这里的长白山，薄雾四起，宛如仙境。恰似天门之上，如入无人之境。我的视野逐渐模糊，长白山的庞大身形却依旧清晰。

在山顶，我看到了天池。初始时，大雾未散，天池似乎不愿被看到，极力地掩饰自己湛蓝的、如镜子般闪耀的脸庞。

片刻，大雾尽散，天池露出了她惹人爱的脸庞：她被四周的山包围起来，像是一个天然的蓄水池，其边缘大致呈圆形，但还是有很多不规则的地方；池子里几万年前的炽热滚烫的岩浆早已化作淡水，在黄昏之光的照耀下，原本平和的水面泛起微微波浪，反射中似乎看到了那万年前自然的愤怒。天池大概就是愤怒的产物，长白山最后的澎湃。

天池孕育生命，山下植被多且茂密，以至于很容易在林中迷路。光芒洒在林中，从树叶间隙中透过的光打散了树下残存的枯叶。时光消逝，旅行随之结束。

几万年前，熔岩在山口喷涌而出，火星飞入各处，岩石滚落，掀起风雷电雨。几万年前的长白山愤怒、澎湃，掀翻天空，踏破九州。如今的她变得成熟，不再愤然，不再怒吼……

夜空经过几万年的沉淀化作长白山的尘埃。山峦用万千精力凝结出滴水，最后变作人们心中最深处的，最美的翎羽。长白山也将迎来新的模样，一个依旧让人无法忘记的模样。

指导教师：杜海娟

青　山

◎初二 3 班　丁子翀

很小的时候，父亲就告诉我，城市的那面是座大山，保护着这里的人们，滋养着这里的万物。我无数次幻想他高大巍峨的身姿、厚重坦然的气势，幻想他哺育生灵的样子。

这里是太行山脉，我站在山脚下仰望这些青山，高峰入云，清流见底。来前蜿蜒的山路已让我见识到了这些高山的傲慢与神秘，他们看起来如此高傲不可侵扰，似乎在嘲弄劝退前来的人们："永远不要相信自己能征服自然。"

行至半山，山涧间的一切是那样生机盎然，没有城市里秀丽花朵摇弄身姿的娇媚，更多是清幽宁静的怡然。感受溪水，绿波荡漾是她的常色：时有瀑布飞泻，好生壮丽；时有细水长流，淡透净明。碧树遮天，漫步在希望之间，偶有虫鸣，耳闻者流连忘返，好一派自然风光！

登顶一望，呼啸的山风疾驰而过，似万马奔腾，千军冲阵。远望青山，终能悟览众山之小，回头再看，万里路已然踏过。闭上眼睛，张开双臂，金戈铁马的景象浮现眼前。太行山脉自古为兵家必争之地，它不仅阻挡着北方的烈风侵入，同时也守卫着这片土地上的子民。"青山处处埋忠骨，何须马革裹尸还。"千百年来，无数英雄好汉镇守此处，抵抗着外族的侵略，保护着一方平安；无数劳动人民在此辛勤耕作，传承着华夏的文明。他们的热血让破碎的山河重聚，他们的勤劳让青山更加生机蓬勃，青山的分量也因此更加沉重。

再望青山，幽静的山谷书写着多少的传奇，无声的希望永存于所有人心间。生机勃勃的青山，更需要我们呵护。我爱青山，厚重与神秘是独属于他的浪漫！我愿青山，永驻在孕育万物的自然之间！

指导教师：杜海娟

腾雾之中

◎初二3班 刘怡宸

入境，一派清洁之景映入眼帘：暮色云纱缭于青巅之周，犹如一顶羽毛帽子。此乃奇境——祖山。

初遇它，你兴许会被它的青花瓷配色所惊艳。澄蓝的天空中擎着一座乳雾飘绕的碧青色的山，山间的小径上布满了阳光投射出的斑驳树影，像捕情网一般在吸引着向往清幽自由的人。当我打算登上绝顶、"一览众山小"的时候，遇上了几只松鼠。它们是山间的主人，更是自然之中的精灵。它们比任何人都了解山中的地势，所以待人类非常热情，这或许就是自然原本的样子。

深入后你会发现，周围除了大雾看不到任何物质，只能寻着青山的轮廓漫步。走着走着，一座根本无法判断方位的寺赫然出现在你眼前，对于这座凭空出现且若隐若现的建筑物，谁都会好奇。一道圆弧大门下，小溪潺潺，两排木栅平静地排于道路两侧。祈愿缸里的水波澜不惊，淡定又和蔼地迎着客人。寺庙里的和尚成群结队赶着去诵经，没有一个人闲聊，他们好像已经悟透人间，看破红尘，到了更高层次的思想境界，所以处变不惊。

　　大雾渐散，蓦然回首，火燃云隙。此情此景，古人或云："泛溪青山还白锦，渺雾生寺空中留。"我想，我终将会在大雾弥漫之中看清自己，看清那恍惚间的前方。

指导教师：杜海娟

春

◎初二3班 聂尚锦

伴着鸟儿们的啼叫，春天悄悄地来了，她的脸颊如同小姑娘娇羞的脸。

春天的风并不像夏天那样烈，而是一种温和舒适的风。她轻轻拂过草原，地上的动植物变得生机勃勃，这时我想起了古人的一句话"不知细叶谁裁出，二月春风似剪刀"。风吹过了柳树的枝条、吹过了燕子们的家、吹过了家家户户的门前，给人一种无比舒适的感觉。

春天的雨像银丝似的美丽极了，我走到亭子中欣赏这春天的细雨，感觉很幸福。我又走到长廊，突然看到一户人家的院子里竟往外长出了一朵花，我不禁欣喜道："春色满园关不住，一枝红杏出墙来。"秋天的雨给人一种凄凉悲伤的感觉，而春天的雨是生机勃勃的。小雨过后我走到爷爷的院子里，一切都显得很朦胧。我低下头看着院子里的杂草，杂草上还有着透明的露珠，那露珠晶莹剔透如同宝石。我轻轻地拨动了一下杂草，杂草上的露珠个个都蹦了下来。

我爱春天，爱春天温和的风，爱春天的温暖的雨，春天来得匆匆，去得也匆匆，但她给我们的爱永留心中。

　　　　　　　　　　　　　　　　指导教师：杜海娟

华北明珠

◎初二3班　陶宇轩

　　清波荡漾，微风略起，两岸的芦苇荡随风摆动。伴着吱吱声，一只木船悠悠地划来。棕色的船身，蓝色的湖水，再加上两边绿色的芦苇，形成了一幅画般的美景。没错，这便是华北平原最大的湖泊，华北明珠——白洋淀。

　　慕名已久的我特别想看看这华北明珠的真面目。刚来到岸边便看到一片一望无际的水泊，其中，还有大片的芦苇，远看，仿佛一座座绿色的小岛，忽然，一阵风吹来，不仅带来了丝丝凉意，也带了缕缕清新的空气。

　　乘船进入白洋淀，首先一定要去荷花大观园，其中的荷花，多种多样，有红的、粉的、白的、黄的、绿的、紫的，更有的甚至白中带黄、粉中带紫。不仅如此，除了颜色，还有淡淡的香气弥漫，而香仿佛也有颜色，映衬着周围的花池。若在两个花池之间的小道上行走，看着池中花，闻着空气中夹杂的香气，就如同进了仙境一般。

　　之后，我又去了文化苑、嘎子村等景点，其中不仅有美景，还有展览馆，里面陈列了抗战时期雁翎队和小兵张嘎的事迹与故事，以及他们用过的真枪实弹，甚至还有栩栩如生的雕像。这时，我又想起了电影《小兵张嘎》，里面一个个鲜活的形象出现在脑海中，再看眼前的事物，忽然心生一番敬意。

最后，出展览馆时已是黄昏，船上，依然是吱吱声；船旁，依然是芦苇荡；船下，也依然是荡漾的湖水。只不过，在夕阳的映衬下，水中闪烁起金光，水面也多出几只野鸭，使这美景更美，一时间，我竟生出了"船在水中走，人在画中游"的感觉。

真不愧是华北明珠——白洋淀。

指导教师：杜海娟

春

◎初一7班　安梓宁

春天迈着轻快的脚步，青春洋溢地朝我们走来。

从远处看，那狭长的小麦田就像大自然的腰带，零星的金黄色油菜花点缀其中。一块块金黄的油菜花与绿色的小麦相间，交织成装饰田野的美丽图案，就像是绿色的地毯上开了一朵朵的黄花。油菜花在微风中翩翩起舞，舒展着它那美丽的姿态。

再看看，青青的小草早就按捺不住性子，从冬天的冻土中钻出来了，开始是嫩嫩的、小巧玲珑的，可爱得如同刚刚出生的小娃娃。经过几天的生长，慢慢地变得绿起来了，长高了。到最后都发青了，又正巧来了一场雨，哗哗，哗哗，一场雨后小草都洗了个澡，叶子上都是大大小小的水珠，大的和小的汇在一起，顺着叶子滚落下来，钻入土里，滋润着小草。小草长得更欢快了，更青翠的叶子展现出来了。

春姑娘笑嘻嘻地路过公园，公园里美丽的蝴蝶围着花丛翩翩起舞，勤劳的小蜜蜂也在忙碌地采着香甜的花蜜，灵巧的小蜻蜓也挥舞着翅膀捉害虫去了，清澈的湖水里小鱼儿欢快地游来游去，还有一群小蝌蚪在水里急急忙忙地找着妈妈，一大群燕子也从南方飞回来了。春姑娘早已飞向远方，飞遍了整片大地，给这一片大地留下了生机盎然的景象。

　　春天真是个万物复苏、充满朝气的季节。

指导教师：周艳永

夕 阳 之 美

◎初一7班　白　霖

　　人们都说日出象征着生机，日落则象征着衰竭，古人有言："夕阳无限好，只是近黄昏。"我却觉得日落也充满生机和希望。

　　瞧，蹦跳一天的太阳依旧像一个顽皮的孩童，它鼓着红彤彤的脸蛋一言不发，仿佛在和谁赌气哩。放眼望去，大地宛如披上了一件耀眼的霞衣。

　　时间慢慢地推移，不知不觉太阳变得沉稳了，它轻轻地倚着山，似乎在对山说一天的见闻和收获。这时它的光芒柔和了许多，宛如一坛美酒，那么香又那么醇，让人垂涎欲滴，周围的那些景物多姿多彩，尽情地饮着这坛美酒，醉醺醺地放出光与彩。

　　又过了一会儿，太阳好像有点儿困了，隐没在了群山之中，只露出了一点点眉梢，阳光也有些暗了，照射在湖水中，把湖水弄痒了，湖面泛起了层层镶着金花边的波纹，唱着欢乐的歌曲，欢送着即将入睡的太阳花儿，绿草尽情地沐浴着最后的光亮。

哦，月亮来了，太阳终于等到了接班人，它可高兴了，打了一个哈欠，哼着一曲甜美的催眠曲，慢慢地睡了……

指导教师：周艳永

秋　季

◎初一6班　温子柔

　　有人爱春天，那是因为她花如海，柳如烟；有人爱夏天，那是因为她生机勃勃；有人爱冬天，那是因为漫天飞雪……对我而言，我喜欢秋天，秋天是硕果累累，五彩缤纷的。

　　秋天，她穿着金色的长裙，迈着轻盈的步伐悄然来到我们身边，她是那么美，那么温柔。

　　秋天的画意是多么美！天上飘着各种的云，像大象，像老虎，像小娃娃的眼睛眨呀眨的。在阳光的照耀下，还镶嵌着紫边金边。

　　秋天是收获的季节！她由一个妙龄少女变成了一个华美的少妇。在金风的吹拂下，结出满园的果实，果香四溢，色彩缤纷的果实不觉让人眼花缭乱。

　　秋天是大自然最重要的调色盘。冬以白为主；春以绿为主；夏虽五彩缤纷，但只是属于花的海洋。唯独秋季，火红的枫叶，翱翔的大雁，还有成熟的果实，她们在金风的指导下翩翩起舞，好像在说："你瞧，我也会跳舞了，看我跳得多好哇！"这就是秋天的魅力，一个胸怀博大、充满感情的季节。

她没有冬的冷酷，却有冬的坦荡；她没有夏的火爆，却有夏的热烈。

秋天是画，是彩云，是流霞，是收获。我们赞美秋天，赞美收获的图景，赞美这绚丽多彩的秋天风采。

啊！秋天的景色真美呀，我喜欢秋天。

指导教师：周艳永

都是鞭炮惹的"祸"

◎初一6班　王湉涵

　　每每看到鞭炮或者听到鞭炮声，我的嘴角都是止不住的笑意，我的思绪不得不回到了那年的春节。

　　那年冬天，我们全家回老家过年。到家的时候天已经黑了。爷爷和奶奶去胡同口张望了不知道多少次，盼着一家老小团圆过大年。这大概就是天伦之乐吧。收拾完行李，我早早地就进入了梦乡。第二天一起床，放眼望去是一片崭新的光景，走出门去，家家户户都贴上了新春联、窗花。门外的大红灯笼尤其显眼，远远望去就像两团大火球，给春节添了更多红火和喜庆的气氛。看到家人出门去，我也迅速穿上新衣服，赶紧跟上他们的步伐。

　　来到集市上，真是人潮涌动、水泄不通，看得人眼花缭乱，听得人耳膜发痒。最吸引小孩子的当然是鞭炮店了。我们几个小孩子挤进鞭炮店，柜台上摆满了琳琅满目的烟花、鞭炮，这些是我从未见过的。这里简直就是鞭炮的天堂！在我们的软磨硬泡下，爷爷终于同意给我们买一些。我们像是得到宝贝似的欢天喜地地拿着鞭炮，在回家的路上这点上一个那点上一个，甭提有多开心啦！

就在我们思索该把最好看的鞭炮放在哪里点燃的时候，妹妹说她发现了一个洞，哥哥看了一眼洞口于是出了一个鬼主意。他说："我把鞭炮放在这洞里，让你们感受一下不一样的绝世鞭炮。"于是，我和妹妹相视一笑，拍手期待。哥哥用打火机把手里所有的鞭炮点燃，一股脑儿全放进洞里了。过了好一会儿，我们就听到了震耳欲聋的轰轰声。就在我们开心得肚皮都要笑破的时候，一位老奶奶突然怒气冲冲地从屋里跑出来，大声地质问我们是不是炸坏了她家里的排水管。我们听后笑容像是被施了魔法一样，瞬间消失不见。不约而同地跑向洞口，只见水正在从裂开的管子里往外流。一时间我们都沉默了，一个个低头默默地听着老奶奶的批评，经过半小时的斥责，最后老奶奶宽宏大量，不但不追究我们的责任，还给了我们每人一个大红包。

这是我童年缤纷色彩书本中的一页，脑海中挥之不去的一幕，心灵记忆不可磨灭的一件调皮事。

指导教师：周艳永

春节趣事多

◎初三 5 班　窦书怡

　　说到春节，那趣事可就多了。大街上车水马龙，每个人的脸上都挂着喜洋洋的笑容，表明春节热闹有趣。

　　其中最令人感兴趣的事，就是贴春联、吃团圆饭和看晚会这三样了。

　　一大清早，家里人就都起了床，穿上新衣服，开始为这忙碌的一天做准备。吃完早饭后，我和妈妈就来到门口贴春联。"你知道上下联该怎么区分吗？是上联在左还是下联在左？"妈妈考我道。"我当然知道啦！平平仄仄，上联是仄声，下联是平声，上联在右，下联在左！"我对答如流，高兴地仰起头，又踩上了凳子，把横批一贴，开心地道："纳福迎新！"

　　很快，一天的时光悄悄地溜走了，夕阳西下，美好的夜晚即将到来。我在厨房里帮着姥姥打下手，看着一个一个大大的饺子热腾腾地在锅中翻滚着，心里忍不住一阵激动：新的一年就要到来了，新的希望正在升起！饺子煮好了，我连忙把它们盛出来，拿着碗走了出去。吃团圆饭了！一家人乐呵呵地围在桌子旁，桌子上摆着各式各样的好吃的饭菜，红烧肉、炸虾、糖醋里脊、鱼香肉丝……看得人直流口水，更让人期待的，就是饺子了，它们像一个个白白胖胖的娃娃，好看极了。"来！让我们在新的一年更好更棒。新年已经到来，虎年大吉！"爸爸举起手中的果汁，说起了新年贺词。"干杯！"大家也纷纷笑了起来。

终于到了看春晚的时候了，一家人坐在一起，打开电视看春晚，小品逗得大家哈哈大笑，美妙的歌声引得人们也跟着轻轻哼唱，多么美好的时光！此刻，大家聚在一起，每个人的心是挨得那样近！新年的倒计时开始了，我的心怦怦直跳，激动地随着主持人一起喊着："五、四、三、二、一！新年快乐！"

李谷一老师的歌声响起，那歌声流进了我们的心里。《难忘今宵》，果然是个难忘的夜晚。我们道着新年快乐，窗外一片烟花绽放！

二月满城尽烟花，新年除夕喜万家，愿今年诸事顺利，万事如意，平安欢喜！

指导教师：戎娟丽

最好的模样

◎初三 5 班　梁可欣

> 蝉鸣是窗外渐渐倒数的钟声，考卷的分数是往上
> 爬的树藤；白云是蓝天正在放的风筝，青春是操场奔
> 跑的我们……
>
> ——题记

何为青春？青春是少年稚嫩的脸庞，还是学子在深夜里奋斗的身影？又或许，青春没有标准答案，现在的我们，就是青春！我们因挫折而成长，生命因奋斗而精彩。这就是青春吧，是我们最好的模样。

不知你是否听到过这样一句歌词"我的青春小鸟一去不回来"，是啊，人的一生都很短暂，更何况只是那几年的青春呢？更是转瞬即逝。

人们都说不拼搏算不上青春，没有成长算不上青春，没有回忆算不上青春。如果把人的一生比喻成一朵花的话，那青春阶段的我们就是含苞待放的花蕾了。花朵会在这个时期为自己积蓄力量，为了在将来的某一刻，绽放自己最闪耀的光芒。这

时候，也一定是花朵最好的模样吧！我们又何尝不是这样呢？

　　如今，我已经来到了人生的第十四个年头，青春之神如约而至。每天上午九点半的跑操，阳光充足地洒在操场上，不知道那一圈圈的塑胶跑道上留下了多少学生的足迹和汗水。说真的，刚开始的时候这三圈跑下来我很吃不消，我多想停下来，好好地休息一下，好好地喘口气……可是我的腿好像不听我使唤了，我的潜意识也在告诉我：再坚持一下，马上就结束了！有一次体育课上，老师测跑八百米和一千米，跑完之后每一个学生都累得倒在地上，大口大口地喘着粗气。然而下一节课是英语，体育课后来不及停留，来不及休息，每一个人又匆忙跑回教室考试。我想，这也是青春吧，为自己积蓄力量，在放弃的边缘上坚持。如此看来，青春好像是一只高飞的鸟，它用丰满的羽翼编织着理想，憧憬着未来。青春，就是在有限的时光中做着无限的奋斗。

　　这就是青春最好的模样：时不时为了数学题烧脑、书桌上总是有着做不完的试卷、读不透也琢磨不明白的文言文。可是这疲惫不堪的青春也时刻充满惊喜与希望：你看，课间总会有一堆人聚在一起讨论着些许枯燥的数学题、做完试卷后上面标红的分数会让你热泪盈眶，因为时间不会辜负努力的人、读不懂的文言文也总会有豁然开朗的那一刻。

　　青春是早上的太阳，灿烂耀眼；青春是珍贵的琥珀，独特且珍贵；青春是蓬勃的生机，是不灭的希望！

　　为了留住青春，我们需要珍惜青春之神赐予的财富；为了保留青春，我们需要不断地开拓进取。让我们珍惜青春年华，把握时机，为自己的人生奠定可靠的基础！愿我们每个人回忆自己的青春时，想起的都是自己最好的模样，而不是无尽的后悔！

指导教师：戎娟丽

雨 后 初 晴

◎初一1班　陈思源

　　那夜下起了雨，很大，很大。许是大海在哭泣吧，我忆起了那则新闻，痛苦地想着。带着些许悲伤和无可奈何，伴着夜雨清风，我缓缓沉入了梦乡。

　　第二日上午十点钟左右，雨停了。打开窗，一股独属于雨后天气的清冽气息被凉风裹挟着，迎面扑来，将我撞了个满怀。我笑着坐回床上，抬头仰望天空，然后，久久凝视着。天空是那样蓝，湛蓝，蔚蓝，大朵大朵雪白的云，飘在空中，恬静温柔，被风儿一吹，便形成了各种图案，如鲸，似鹿，像海，若山，唯美至极。

　　下午出去转时，见门前树木苍翠，听鸟儿歌声婉转，带着一丝欢快；草叶上还残余几滴雨水，映出颠倒的微型世界；花儿的清香在鼻尖萦绕，经久不散、沁人心脾；小小蜗牛在树干上努力爬着，触角一伸一缩，背上的壳也随着身体摇摆，竟有些呆萌憨厚，引人逗弄。

　　一会儿不见，太阳，便冒了头。阳光洒落树梢，又照进我的房间。光影交错间，似有微小浮尘翩翩起舞，是无言的震撼与惊艳。我想将阳光留住，便伸手去触碰，却只穿过了虚无。而阳光依旧停留在原处，暖洋洋却不见一丝变动。我后知后觉才想起，阳光还要照亮远方，为幽暗深渊带去救赎，并不完全能属于我。但现在，阳光也为我停留于房中，令我温暖、幸福，这便足够了，不是吗？

夕阳西下，已经黄昏。望天边云霞灿烂，似凤鸟浴火重生，耀眼夺目。太阳的余晖猛地从云层中绽出，万物在此时都似沐浴在圣光之中，被镀上了一层金边儿，安静而又祥和。世人说，当丁达尔效应出现时，光，便有了形状。

夜幕降临，丝丝寒意；月辉清清，星光熠熠；蝉鸣寂寥，声声入耳。

指导教师：郝雪娇

雨

◎初一1班　焦文宣

　　我似乎很爱倾听雨的声音，就像是在倾听大自然的心声一样，有时，我也会将自己融入其中，任思绪在淅淅沥沥的雨中飞扬……窗外的天空是乌蒙蒙的，乌云将阳光遮盖，对天空宣誓了主权，也渐渐将远处的蓝天白云遮盖。

　　不一会儿，窗外响起了噼里啪啦、哗啦哗啦的声音。这是雨水和大自然的即兴交响曲，是它们因相见而摩擦出的火花。细密的雨从天空滴落，打在屋顶上、树叶上、窗户上。窗玻璃上的水痕好像在极力向我证明那些已然消逝的雨水的存在。雨滴从屋檐前的树叶上跌落了下来，如同断线的珠子一般，但却不是零零散散的，而是紧凑着、追赶着，在半空跳着轻快的舞蹈。美丽剔透的雨珠落在窗前的树枝与叶子上。树叶轻微地颤动着，好像是被雨珠拉着一同起舞一般。

　　滴答，滴答，是雨落在世间万物上弹奏的悦耳歌曲。路过行人的步伐仿佛是因为音乐的律动而本能地打的节拍。

　　雨，是神奇的。雨停后，它仿佛是给一切事物换了件干净的衣服。一切都是明亮的，生机勃勃的。世界被雨水擦亮了，就像新生儿，似乎什么都是新的，树是新的，满树枝丫；草是新的，娇嫩纤弱；花是新的，含苞欲放……

雨，是天空在哭泣，是大自然在悲鸣，但雨停之后，一切都是那么光鲜亮丽。

指导教师：郝雪娇

家 乡 的 秋

◎初一 1 班　李恒耀

春去秋来，家乡的秋天，是一幅五彩缤纷的画，在我心中，它永远永远是最美的。

秋悄悄地来了，来到了田野。秋风吹拂着大地，辽阔的田野一片金黄，像一块巨大的金黄的地毯。到处是一片丰收的景象，黄灿灿的稻田泛起了稻浪，有深有浅，金黄逼你的眼。遥望天际，天特别高，特别蓝，犹如一块蓝汪汪的宝石。一排排北雁齐向南飞，为宝石刻画了生动的花纹。云朵格外娴静，阳光格外明媚，秋风也显得格外轻柔清香。田野里，农民伯伯辛勤地劳动着，稻穗深处，不时传来欢笑声，与这和谐的秋风一起构成了一首丰收交响曲。

秋悄悄地来了，来到小溪边。溪里的鱼虾肥了，懒洋洋地游着。溪水清得见底，水波在阳光的照耀下，闪着银光。小溪之上，立着一座古老的小桥，桥孔在水中的倒影，仿佛是一颗巨大的珍珠。河岸边，小孩子们握着长长的鱼竿，安静而耐心地等着鱼儿来上钩……

秋悄悄地来了，来到了山上。从山腰到山顶，火红的树叶像喝醉酒似的，红着脸。远看好似一团火焰在浮动，树穿上了迷彩服，有绿有红，风吹过时，它好像摆了摆手，似乎在说："小朋友们明年我还会再绿的，再见。"然而，那四季常青的松树却依然笑容满面，枝繁叶茂。

指导教师：郝雪娇

秋 天 真 美

◎初一1班　邓熙婷

秋高气爽、五谷丰登，金黄的梧桐叶扇啊扇，扇走了夏天的炎热。

阳光透过树叶，把那红黄相间的树叶照得鲜艳透亮。我踩在像黄金一样的"地毯"上，发出嘎吱嘎吱的声响，秋虫在树上唱歌，还不时有叶子被风吹落，在空中跳舞，在阳光的映衬下就像是一群仙女摆着罗裙，实在是美丽动人。

来到田野中，玉米都露出金黄的牙齿冲着我笑。人们正热火朝天地收着粮食，有的收玉米，有的收花生，真是热闹极了。我找了一个土堆，静静地躺在上面，土堆被太阳晒得暖烘烘的，像妈妈的怀抱一样温暖，我数着天上飞来飞去的小鸟，甜甜地睡了一会儿。

来到果园里，到处都散发着甜味儿，苹果的脸上都泛着红晕，可爱极了。孩子们都兴高采烈地拿着果篮，架上梯子，采摘熟透的果实，别提多幸福了。

是秋姑娘看到我们如此喜爱这美丽的秋色而不肯离开？又或许是冬姑娘因为有什么事情而放慢了脚步？我也不知道，那就让我们尽情享受这温暖的阳光和徐徐清风带给我们的快乐吧！这里的人们过着很朴素、惬意的生活，希望你有机会也来感受一下这里的秋天！

指导教师：郝雪娇

雨

◎初一 1 班　冯子骞

提到雨，大多数人想到的都是衣服湿透了，鞋子里都是泥水，有时穿雨衣还会捂得一身汗，那滋味可不好受。可在我眼中，雨是优美温柔的。

雨像个音乐家。用手敲打着各种乐器，演奏着余音绕梁的乐曲。滴滴答答，窸窸窣窣，窗外的雨在空中演奏着，而风和各种生物则是来参加演唱会的宾客，在一起舞蹈，形成优雅的画卷。

雨像个清洁工。用水将一切污垢都冲走，让世界变得清新、凉爽。雨后的彩虹，更是将世界衬托得美丽。雨后干净的景色，让人看了也觉得舒适、愉快，好像心中也被雨清理了一番。

雨还是个魔术师。每当雨后天晴，任何植物都竭尽全力地生长。雨前还只是花骨朵儿的小花，天晴了，受到雨水和阳光的滋润，便不紧不慢地打开艳丽的花瓣、露出可爱的小脸。雨前刚露出笋尖的竹笋，雨后就长成半米高的竹子。最神奇的还得是雨的"春"魔术，"春雨贵如油"，春天的第一场雨，刚下完，原来干枯的树枝上又长出了嫩绿的新叶，地上凋零的枯草中也钻出了嫩芽。一切都被雨变得崭新了。

雨是美丽的，发出动人的歌曲；雨是清新的，将世界变得干净；雨是神奇的，让植物快速长大。

这就是我心中的雨！

指导教师：郝雪娇

我眼中的夏天

◎初一1班　佟明洋

　　美丽的夏天，改变了春天的一切，含苞欲放的花骨朵儿露出了可爱的笑脸，柳树抽出的嫩枝变得又长又多，从远处看就像一把大伞。

　　美丽的夏天，充满生机的夏天！走进公园扑入眼帘的是星罗棋布的花坛，那些形态各异、五颜六色的小花正冲着我笑呢，真可爱。仔细看看小花的四周，还有一些小蜜蜂，它们在花海里辛勤地采蜜，嗡嗡地飞舞着，那声音好像一支乐曲，十分动听。抬起头你会看见一片片绿油油的树叶，仿佛为我送来了一阵清凉。这时候我低下头，闭上眼睛，仔细地聆听，那一阵阵此起彼伏的声音，就来自茂密的树林里，原来是小小的蝉啊！它们趴在高大粗壮的树干上，躲在树叶下，时不时叫几声，有趣极了。

　　穿过公园，一片片绿色的爬山虎在我眼前跳动，好像可爱的精灵，热情地拥抱着墙。看着这些爬山虎，夏天的燥热一下子减少了许多。在大楼的顶上，还有小燕子时不时飞来飞去，它们那灵巧快活的样子，让我忍不住笑起来。公园两边的花坛真是吸引人的眼球：有白的、粉的、红的，五彩缤纷的花；再看看形态，有圆形的、椭圆形的、五瓣儿的……各有不同，整个公园好像百花争艳的世界。

咦？那朵花怎么会有触角？哦，原来是五颜六色的蝴蝶，它在花丛中飞来飞去，好看极了！

站在高山上，鸟瞰下面的森林，一望无际，仿佛是绿色的海洋，让你忍不住走进去，闭上眼睛，想象着徜徉在这片海洋里的样子。在画眉婉转歌声的陪伴下，呼吸着清新的充满花香的空气，这都是夏天的馈赠。躺在草坪上，望着那蓝天上的朵朵白云，我心想，这就是美丽的夏天啊！

指导教师：郝雪娇

回头看，轻舟已过万重山

◎初一1班　张彤萱

没想到，有朝一日，我也能理解李白"轻舟已过万重山"这句诗。

小时候总觉得考砸了一次考试，以后的一切都会暗淡，一旦失误，人生就完了。但现在回头看看，以为经历不了的、不能跨过的山，其实都已经过去了；以为不能接受的，也都接受了。

小时不懂作者为何要用"轻舟已过万重山"来形容自己的心境，现在看来，我们每一个人都是一叶小船，我们都有自己的山岭与冒险，在岁月的长河里漂流着，哪怕途中会有礁石，会迷失方向，这一路看不到尽头，好像跌宕得难以行驶，可人生哪有回头路？哪怕畏惧危险，也要一路向前。

如果人生是一部电影，那我一定要当闪闪发光的女主角。

人生充满了选择，遗憾也是常态。年少的梦，有些被实现了，可有些，却被遗忘在了风中，我们都明白，就算再来一次，以当时的阅历还是会做出同样的选择。那么，故事的结局也就不重要了，重要的是我们知道那个梦，那一阵风是热烈的，是我们执着地追求过的。

一切都是瞬息，一切都会改变，别纠结于得失了，没有意义。

回头看，轻舟已过万重山；向前看，前路漫漫亦灿灿。

指导教师：郝雪娇

秋

◎初一1班　赵家仪

　　我喜欢春天，是因为枝繁叶茂的柳树；喜欢夏天，是因为亭亭玉立的荷花；喜欢冬天，是因为迎雪傲放的梅花。但是，在春夏秋冬四个季节里，我最喜欢的是秋高气爽的秋天。

　　一到秋天，果园中散发出一丝丝清香，令人陶醉。行走在道路上，一片乘着微凉的秋风的叶子慢慢落下，犹如纷飞的蝴蝶，打着旋儿落下。路上全是掉落的树叶，我捡起一片树叶看着它，它是那么小，那么薄，干巴巴的叶仿佛那老人家饱经风霜的手啊。

　　在秋天的田野中，金灿灿的玉米是那么耀眼，在秋风中展示着自己的成果。

　　当秋天的雨洒在大地上，轻悄悄的绵绵秋雨如美貌的少女倾吐着自己的心事。这雨细细的，毛毛的，如烟，如雾，飘洒在枯枝败叶上，淋湿了地，淋湿了房。一场秋雨过后，天上出现了一道美丽的彩虹，映衬着天空，碧空如洗，蓝得令人心醉，远远望去，天上的白云仿佛给天空洗了个澡。幽蓝的湖水陪衬着天空，令人进入了一个仙境……

露珠还顽皮地在树叶上逗留，时不时顺着树枝滑下，落入我们的衣服。起风了，秋风吹过了树枝，发出了沙沙的响声。雨后的风是凉爽的。

　　秋天像一篇故事，讲述着收获的情景，我爱秋天那果实累累的收获和无限的希望。

指导教师：郝雪娇

海

◎初一1班　郑景疆

一提起海，我的脑海里就会出现清澈的海风，汹涌的浪花。暑假的时候，我有幸见到了大海！

我们在海边租了一间民宿，来此度假。六点不到，我们就打开了门，来到了沙滩上。我凝望着被雾气笼罩的大海，再往远眺，只是见到了灰蓝的一片，加上几艘渔船。这些雾搞得我分不清哪里是山，哪里是海。海风伴着滚滚浪涛向我扑来，凉丝丝的，舒服极了。一丈多高的浪花，猛烈地拍打着礁石，发出阵阵响声。

大海就像一个娃娃，喜怒无常。一个通红的影子把周围的雾全部驱散，大海荡漾起一层层橘红色，太阳升起来了。大海变温柔了，应该是被附近的景色驯服了吧。浪花不再那么汹涌，人们也从自家的房子中走了出来，伸了个懒腰，呼吸呼吸新鲜空气。刚才还寂静无声的城市，立马变得喧闹了起来。我走进海水中，让浪花拍打着自己的小腿，即使裤子被打湿也无所谓。沙滩上，礁石边，满满当当的全是贝壳，时不时还会走出来一只半透明的螃蟹，偷偷地窥探着外面的世界。一切都充满了希望，生机勃勃。

　　时间过得真快，转眼间太阳就要下山了，夕阳的余晖洒遍大海。翘首远望，群山连绵起伏，大海一望无际，由近而远，从灰到红，和谐地合为一体，粼粼发光。

　　　　　　　　　　　　　　　　　指导教师：郝雪娇

我的"两面派"老师

◎初一2班　王源楚

在我的生活中，有一位既严厉又和蔼的老师，他严厉起来如一只凶猛的大老虎，和蔼起来像一只温和的老绵羊。他是位退伍军人，高高的个子，因为平时注重锻炼，身上有很多的肌肉块，是我们男同学喜欢的"肌肉男"。他就是我的书法培训老师——刘老师。

提起他"大老虎"的一面，那可是要令人胆战心惊。有一次书法考试，十四名同学参加，只有两名同学过关，这可不得了，"老虎"发威了。只听见砰的一声，门被推开了，咣的一声又被重重地关上，啪的一声，书被摔在桌子上，刘老师手中举着我们的字帖，一边抖动一边吼道："看看，你们写的这都是什么字？我是怎么告诉你们的，字如其人！难道你就长成这样吗？平时练了那么多，大家写得都挺好，怎么一到动真格的时候就打败仗了！"他那雷鸣般的吼声，估计隔壁班也要跟着颤抖了。

刘老师偶尔展示其"老虎"的一面，更多的时候是和蔼的，更像一只温和的老绵羊。一次书法课上，我的字总也写不好，急得我抓耳挠腮，头上直冒汗。刘老师看到了，轻轻地走到我身边，摸摸我的头，弯下腰温柔地说："不要着急，慢慢写，我带着你写一遍，找找感觉。"他宽厚的大手握着我的小手，一笔一画地写起来，一边写还一边耐心地给我讲解，老师的话像和煦的春风，吹散了我心头的乌云，很快就让我找到了灵感，一个个规范、漂亮的字像小精灵一样从笔尖飞出……

这就是我的书法老师刘老师，他有时严厉，有时和蔼，像一个"两面派"。

指导教师：郝雪娇

那一幕，我难以忘怀

◎初一1班　马于纳

　　时间在流逝，从不停歇，万物都在更新，而我们在成长。岁月是那么公平，从不多给人一秒，相反，也不会少给任何人一秒。每个人都会由时光飞逝而经历着人生中最重要的过渡。

　　我有一只可爱的小狗。它的卷毛是棕色的，有一双炯炯有神的大眼睛，俏皮的小尾巴，灵活的四肢，嗅觉灵敏的小鼻子，耳朵像两片树叶，又像一个报警器，时刻警惕着。

　　它喜欢在家里四处乱窜，床底、阳台、窗帘后，甚至墙角都可以看见它的身影，如果它累了，就趴在它那小窝里，悠闲地睡午觉，饿了就去吃狗粮，渴了就喝水。

　　有时它会像一块狗皮膏药，去哪儿跟哪儿，有时却好像在跟我玩捉迷藏，找也找不到，不得不说，它隐藏得很好。

　　有一次，我开门帮妈妈拿东西，没注意到它，它一溜烟儿就跑了。当时我拿完东西后回到家，还没意识到它不见了，过了一会儿想着不对劲儿呀，平常这个时候它都窝在小窝里，今天怎么连个影儿都没瞅着？我开始到处找它，床底、阳台、窗帘后、墙角都没有，心里仿佛被一个无形的大石头压住，脑子一片空白，好似热锅上的蚂蚁，如坐针毡。

　　我想，它大概是跑出去了，于是我拿上钥匙，来不及换鞋，冲出了家门，在楼道里叫它没有回应。我从安全通道跑到四楼平台，在不远处看见了它，我的心无法安宁，跳跃着，颤抖着。我飞速跑到它面前，它看到了我，活蹦乱跳的，好像在说，你终于来了，快看！我喜欢这片草坪！

　　我迫不及待地牵着它回了家，它又钻进了小窝里睡觉。

指导教师：郝雪娇

离　　别

◎初一2班　侯梓桐

　　时至夏日，天气越发炎热，火炉似的太阳炙烤着大地。辗转于繁华的街头，一切喧嚣都变成了远处落寞的声音。我独自走在街头，一种莫名的失落涌上心头，或许是因为这过分闷热的天气，又或许是因为这将要到来的离别。

　　6月28日，我们毕业了。6月20日，我们拍了毕业照；6月27日，我们在教室里上完最后一节课，在最后一节课上，老师们都去开会了，让我们说一会儿话，老师一走，班上就热闹起来了，看到同学们都这么开心，我心里紧绷的一根弦也落下了，同学们都在书上签上名字，有的拿着记号笔在衣服上签名，我也参与其中。叮叮叮，一声急促的下课铃砸在我心中，一时间想到我们将要离别的画面——几位同学哭着拥抱在一起，让人感触。

　　走在回家的路上，突然刮起了大风，下起了雨，小草垂着头，花儿哭丧着脸，树木也在沙沙作响，它们是在为我伤心吗？

　　回到家里，妈妈喊我吃饭，我坐在那里面无表情，食不知味，难以下咽，妈妈问我是不是毕业不开心，我说是的，妈妈告诉我："不要因为离别而悲伤，离别是再会的前奏。如果是朋友的话，无论多久，都一定会再见面的。"妈妈这句话也许是真的，也许是假的，但让我现在的心情变好了。

虽然要离别了，但是我们还见了最后一面。

我们到包间的时候里面很冷清，几乎没有什么人，我独自坐在一个角落里，静静等待着，有一位同学的姐姐坐在我身旁，我和她聊起了天，她说他们也毕业了，但是是初中毕业，她告诉我人生中难免有几场离别，这是不可避免的。后来同学们陆续到来，我们开始吃饭，中途有一个"小丑"来了，给我发了一堆气球，他们拿着"宝剑"互相打闹，"来吃蛋糕啦!"大家都围了上去，一人拿了一块，我们用手抹着奶油往别人脸上抹，大家都玩得不亦乐乎，吃完饭我们就回家了。

时光像细沙，没握紧便稍纵即逝。我们要珍惜当下，把握时光，不要等失去后再后悔。

指导教师：郝雪娇

藏 山 游 记

◎初一1班　唐远恒

　　暑假里的一天，父亲带我们一家去到山西藏山游玩。当天下午，我看着周围的楼房不断被翠绿的山峰替代，我知道，马上就要到了。我们在到达藏山所在的盂县后休整一晚，与晨间的清风为伴，正式向着藏山进发。

　　我们下了车。四周高耸的青山将平整的水泥地停车场护在中间，陡峭的岩壁上敷着一层翠绿，微风拂过脸颊，凉爽不已，我们来的时候正好。

　　移步，我们走入山门，抬头，看那牌匾上书"藏山"二字，苍劲有力。向山顶走去，四周的翠色愈发浓郁。扭头，一缕溪流如丝带在石缝中穿过，"山前溪水涨潺潺，山后云埋不见山"大概就是如此了。顺着石梯往上走，四周尽是被流水抚得异常平滑的石面，溪水抚过石面，也滋润着我的心灵。

　　四面八方皆是不同种类的树，最值得说的，还是那不知年岁的古松。那古松歪歪扭扭，却可以看出本身的坚毅，笔直。纵使身上布满岁月的痕迹，身上却翠绿依然，那针尖般的树叶让你只能远观，而不可亵玩。浓厚的历史气息下，是生机与希望。树顶立着的一只喜鹊，歌唱着，眺望着，梳理着身上的羽毛，骤然飞起，将生机洒满世间。

深吸一口气，呼吸到的不仅有阵阵草香，还有历史的沉淀。藏山不仅风景秀丽，也有悠久的历史。晋景公时期，晋国司寇屠岸贾追名逐利，妄想独揽晋国大权，设计将宰相赵盾一家三百余口满门抄斩。唯有赵盾的儿媳（成公妹）因皇亲血缘幸免于难。其时她身怀六甲，生子赵武（赵氏孤儿）。屠岸贾率兵追杀，欲斩草除根。赵朔（赵盾子）好友程婴、门客公孙杵臼、中军元帅韩厥三人将计就计，程婴舍子、公孙杵臼舍己，救出赵氏孤儿。程婴乘机携其于胸襟之内，立马从晋国逃往仇犹古国盂山，藏匿达 15 年之久，"后人因其名曰藏山，以藏孤得名也"。晋景公十七年，屠岸贾因犯欺君之罪而被斩除，赵氏冤情大白，赵武恢复了赵家在晋国的地位，承担接替了祖父的原位。这正是藏山名字的由来。

藏山久负盛名，历史悠久，是旅游的不二之选。

指导教师：郝雪娇

星　空

◎初一1班　段佳彤

夜幕降临，天空中繁星万点，美得不像话，而我也在静静地仰望着那片星空。

记得小时候不知为何十分喜爱夜晚，也许是那满是星星的天空迷住了我吧！那时总喜欢找一片无人的草地，静静地躺在草地上望着那布满星星的夜空，那种感觉真的很美。

有繁星的夜总是那么宁静，深蓝的夜空零零星星地点缀着明亮的小星星。地上的小花儿、小草儿都进入了梦乡，唯独那蝉不知疲倦地叫着。这时候躺在草地上仰望星星也别有一番趣味，身边偶尔有一两只小虫爬过，一会儿便钻进密密的草丛中没影儿了。刚刚长出来的小草有点儿扎手，但用手慢慢抚摩着小草很舒服，周围一切都静静的。只有蓝色幕布般的星空中的星星在顽皮地捉迷藏，忽而跑到这儿忽而跑到那儿，令人来不及捕捉它们的踪迹，皎洁的月光柔和地洒下来，透着树叶，似斑驳的小碎片在地上游动。

星星在闪烁着，跳跃着，嬉戏着。迷人的星空让我产生了无限的遐想，那飞瀑般的银河点缀着无数人的梦想。

指导教师：郝雪娇

我的球球和我

◎初一1班　李艺涵

你也许会问："球球？是什么？"那就从一年前说起吧！

我喜欢狗，每天都会抽时间看狗狗的视频。而且，我还有一个不太现实的愿望，那就是养狗了！在手机和电视上看各种品种的小狗，狗的品种，我几乎全都知道。爸爸给我出了一个"馊主意"！

他竟然让我自己攒钱买狗，唉！只有这样了。结果我从2022年9月开始攒，时间真漫长，像蜗牛跑马拉松一样，跑啊跑……就这样两个月过去了，我攒了400多元了，可是一只我最喜欢的品种的狗至少要1000元呢！后来就攒得有点儿慢了，到了2023年3月才攒到700元。又过了两个月，五一国际劳动节妈妈打算带我去狗狗市场看看小狗，结果我看中了一只比熊犬，但不能买。可谁知它不让别人抱却让我抱，抱着它它还超乖，连妈妈这不喜欢养狗的人都认为它和我有缘。

经过和妈妈的一番交流后，我决定买下它，虽然我的钱不够，但是妈妈为我付了钱。

所以我有了自己的小狗，再也不像以前那样看手机了，而是陪狗狗玩，妈妈也夸我变得有责任心了呢！

我为这只小狗取名"球球"，我和爸爸每天耐心训练它，教它一些动作。我的球球很聪明，它会坐下、趴下、站着走，吃饭前坐下等着数三二一，还会装可怜呢！只要一训它，它就装得可怜巴巴。球球为什么叫球球呢？是因为它的第一个玩具是球哟！

幸福来得很突然，但转眼间也要走了，为什么会这样说呢？因为买它之前我们一家子就商量好了，只能养一段时间，快上初中了就要把它送回老家养，老家还特别远。因为怕耽误我学习，所以我们必须分开，虽然很不舍，但没关系，我现在有时间就给奶奶打视频通话，球球每次听见了我的声音，就会扑奶奶的手机，然后叫个不停。它现在可幸福了，因为它有爸爸和爷爷给它做的小屋。

好消息来了：10月1日如果放假，我就可以回老家看我的球球了！

指导教师：郝雪娇

假如我有一双翅膀

◎初一 5 班　智敬涵

　　我特别羡慕自由翱翔在蓝天上的小鸟，它们能追逐着风和云在空中飞翔。我恨不得自己也能长出一双翅膀来，和它们一起飞得很远，很远。

　　假如我有一双翅膀，我会从东边的山海关，飞到西边的嘉峪关。我想去看看穿过崇山峻岭的万里长城，看看这条守护着我们祖国的巍巍巨龙。在长城上，我要摸一摸数不清的墙砖和条石去感受历史的温度，找一找细碎的砖石裂痕去寻找历史的蛛丝马迹，嗅一嗅长城上的味道去感知中华民族的古老气息。

　　假如我有一双翅膀，我会飞往杭州的西湖。我站在湖心亭里看到因太阳照射而水波粼粼的湖会想起"水光潋滟晴方好"，看到下雨时雾蒙蒙的湖面会想到"山色空蒙雨亦奇"。

　　假如我有一双翅膀，我会飞往黄山，领略峰峦叠嶂、奇峰怪石、云雾缭绕的奇景，品味"五岳归不来看山，黄山归来不看岳"的妙处。

　　告别了黄山，我会日夜兼程飞往桂林，看一看桂林的山是不是那么奇，那么秀，那么险；瞧一瞧桂林的水是不是那么静，那么清，那么绿。我相信，我也会发出"桂林山水甲天下"的感慨。

最后我还会飞往四川乐山，去看一看乐山大佛。我想量一量大佛的身高和鼻长，数一数大佛脚背上的游客来考证"大佛脚背上可坐百余人"的说法。然后我会和许多人一样，摸着大佛的耳朵拍一张彩照，留下最美好的回忆。

假如我有一双翅膀，那我将伴着祖国，飞向光辉灿烂的明天。

指导教师：梁曦丹

秋

◎初一5班　高一丹

　　自从第一片树叶落地开始，我知道，秋天来了。

　　秋风呼呼地刮，刮来了一场秋雨。秋雨顽皮地把秋叶打落了，秋叶转了个圈落在地上，好像大地上漂亮的黄色地毯。地毯一层一层地叠在一起，软绵绵的，走在上面会发出咯吱咯吱的响声。我想这一定是大树送给大地的新衣吧！黄中透红，红中带黄，斑斑驳驳的落叶在太阳的照射下发出金色的光芒。

　　一阵秋风突然吹过，地上的落叶在半空中飞舞。叶子仿佛是秋风的舞伴，它们的舞蹈发出了咔咔的声响。半空中的飞叶很美，接起来它吧！这片叶子无比独特，淡黄色的衣服穿在身上，尾巴却是墨绿色的。风儿也像是发现了如此独特的秋叶，边跳边转圈，好似发现了珍宝一样飞来带走了它。

　　风儿又折下几片未落的叶子，叶子在空中轻轻飘动，最后像跳华尔兹似的落在地上……

　　秋天的田野好像一块香甜的黄色蛋糕，香喷喷的。金黄的麦子们低下了头，秋风抚着它们的脸庞。红高粱挺起了胸脯，站着军姿，太阳照着它们的脸。

果园里也是一派丰收的盛景，有羞红脸的大苹果、红灯笼似的柿子、月牙儿样的香蕉、如宝石般的葡萄……

　　我爱美丽的秋天，爱它的秋高气爽，爱它的落叶飘飞，爱它的硕果累累……

指导教师：梁曦丹

难忘的那一幕

◎初一4班　蔡宛蓉

哗啦啦，哗啦啦……外面下起了大雨，我在床上躺着，脸红得像被烧过一样。是的，我发烧了。

当妈妈得知我发烧的消息时，连忙放下手中的工作，火急火燎地往家里赶。而我在床上躺着。难受得不得了，只见我满头大汗，还微微皱眉，嘴巴干得不行。妈妈回到家看见我这副样子满脸心疼，急忙跑到我床边，坐到床头一副焦急的样子问我："这怎么了，好好的怎么会发烧呢？"我难受得说不出来话，我妈把手放到我额头上："哎哟！怎么这么烫，快量一下体温。"过了 5 分钟，38.9℃。"怎么这么高啊！等一会儿，我给你煮点儿汤。"

妈妈快速地走向厨房开始煮梨汤，煮梨汤不能用大火煮，只能用小火慢慢熬，不一会儿，妈妈的额头上出现了像绿豆大的汗珠。过了几个小时。梨汤煮好了，妈妈穿着湿了一半的短袖，端着热气腾腾的梨汤走了过来，妈妈将梨汤送到我面前，还贴心地吹了几口气。我把梨汤喝完了，感觉身体暖暖的，好多了，我看到妈妈湿了一半的短袖。不禁鼻子一酸，差点儿哭出来。

这就是母爱，太感动了！

指导教师：赵　磊

成长因坚持而精彩

◎初一 3 班　白瀹中

我们的生活虽没有李白"人生得意须尽欢，莫使金樽空对月"的豪迈，但理想让它明亮，坚持让它真实，收获让它拥有诗意。

初到中学，一切都是新鲜美好的，也充满了挑战和历练。对我来说，最大的困难莫过于军训了。当我第一次在学校的操场上列队站起了军姿，内心的压力很大。很少认真站立的我，第一次奋力支撑起腰，挺直了背，没过多久，就感觉全身的肌肉犹如被架上炭火烘烤，又像棉花一样柔软无力。脖子像被插入了木板，又僵又疼。我刚刚低下头，放下肩，就发现教官用严厉的眼神盯着我。毒辣的阳光直射在脸上、身上，汗水顺着头发流进眼睛，就像灌进了药水一样。

而比站军姿更加让人难以忍受的就是跑步训练了。对于体重大的我而言，如果站军姿时我的两条腿像是在燃烧，那么跑步则是让我感觉到腿都消失了。可就在我放慢速度时，教官的一声怒吼："都跑起来！"又使我不得不咬牙坚持。

回到家里，我更是无法忍受地哭了起来。这时母亲给我讲了一个小故事：在西安有一座初建于明洪武十七年的钟楼。在微博世界里有一个"古城钟楼"的账号，每天在十二个时辰发出当、当、当的钟声，坚持了十二年，已有九十七万人关注了它。这就叫作一直在坚持。世界上的事，意义都是人赋予的，而坚持本身就是一个无比闪亮的意义。

任何一个简单的事情，一点儿一点儿坚持做下去，就可以让平凡的生命闪起光来。不信，我们就一起试试看吧！

指导教师：赵　磊

成长中的挫折

◎初一 3 班　宋清美

丁零零……上课了，同学们跑回教室，准备上数学课。

砰，数学老师怒气冲冲地走进来，将卷子摔在桌上，扫视着全班，可不知为什么，我总觉得那目光从我身上扫过，又带着失望离开了。"下面发卷子，听到自己的名字就上来。××
×，88 分。"随着一个个人的动作，我的心也被捉住似的，不受控制地跳动起来。"宋清美，84 分。"当老师念出了分数的那一刻，我只感觉四周全是雷声，完了，考砸了！我从小到大也没考成过这样啊！

回家的路上，四面阴沉沉的，大树发出吵闹声，惹人心烦。花儿也垂头丧气的，好像是在嘲笑我的无能。

回到家，我低着头回到房间，关上门哭了起来。过了一会儿，妈妈进来了，我把卷子递给她，看着她半晌毫无动作，眼泪就又像断线的珍珠似的，一滴滴落下。

我永远也忘不了这一幕，一向对我十分严格的妈妈只是抱了抱我，对我说了一句话："不要被挫折打败。"

如今想起这件事，我依然是热泪盈眶。是啊，生活中的挫折千千万，从此一蹶不振，又怎么才能成功呢？

指导教师：赵　磊

成长经历

◎初一4班　尤圣研

　　生活中有许多感动，有的我早已遗忘。然而那一次，我至今记忆犹新。每当想起，心中还是充满了感动。

　　那是一个阳光明媚的日子。阳光透过玻璃照在地板上，洋溢着温暖的气息。我的心情如阳光一般，充满了喜悦——明天就是我的生日了！妈妈走了过来，亲切地问我："你想要什么生日礼物哇？"我欢喜地回答："我要一支竖笛！"妈妈点了点头，说："好，你在家里，我去给你买。"说完她便提上包，出门了。

　　我站在窗口，看着妈妈离去。阳光照在身上，暖洋洋的。我的心中充满了期待，我很想要一支竖笛。

　　一个小时过去了，妈妈还没有回来。抬头一看，发现外面的天空忽然变昏暗了，大片的乌云聚集在了天空上方。我意识到，可能要下雨了。果然，不一会儿，外面就下起了雨，先是淅淅沥沥的小雨，后来雨越下越大。

　　一个小时，两个小时……一个上午过去了，妈妈还没到。

　　大雨还在下。正当我来回踱步时，终于盼来了妈妈的敲门声。打开门，看见妈妈全身都淋湿了，只为给我买一个生日礼物，我的眼睛渐渐湿润了。

每一次想起来，都十分感动！

指导教师：赵　磊

成　长

◎初一4班　高　媛

俗话说："读万卷书，行万里路。"成长就像一场无形的旅行，一段难以回味的旅程。在我们年少无知的时候，我们不断前行，不知不觉中，已经穿越了一段美好的时光。当我们回过头来，看到曾经留下的每一个脚印，才能感受到过去的幸福。

小时候，我常常听到父母说："只有经历摔跤，才能学会奔跑。"起初，我对这句话不太理解，直到有一天，我才真正理解了其含义。

在六岁的时候，父母带我出去游玩，途中我看到许多人都在骑自行车，我心生羡慕之情，所以请妈妈抽出时间教我。第二天，我和妈妈一起推着自行车来到公园。妈妈放下自行车，认真地对我说："宝贝，如果你想学会骑自行车，先要掌握好骑行技巧：握好车把手，目光注视前方，保持平衡，不要慌张，再用力蹬一下脚，就这么简单。下面，我给你做个示范。"说完，她骑着自行车绕了一圈，像一只轻盈的小鸟。

于是，我坐上自行车，内心稍感紧张，给自己加油打气！

慢慢地开始骑行，骑了半个圆圈，我心情愉悦，想着："原来骑车并不那么难!"

　　成长就像一杯茶，初品时略带苦涩，但随着时间的推移，它会逐渐展现出它独特的清香，就连最初的苦涩也会成为我们最怀念的味道。

指导教师：赵　磊

难忘的一件事

◎初一3班　高婧涵

　　苍鹰最难忘的是蓝天给它翱翔的空间，小溪最难忘的是大海给它无穷的力量，小草最难忘的是雨露让它茁壮地成长。我最难忘的事还要从那天说起……

　　"我的量角器呢？谁拿了？"我不停地在教室里大声叫嚷，可没有一个人吭声，我把书包翻了个底朝天。还是不见它的踪影。突然，我眼前一亮，后面有个同学与我的量角器一模一样。我走到她的桌子前，质问道："你为什么要拿我的量角器，而且也不和我说一下？"她刚好抬头，神情严肃地说："你凭什么说这是你的，一样的东西太多了！"

　　我笑了笑："你别装模作样了，这个量角器的角上缺了一点儿，这是最好的证据。你的总不会有一个一样的记号吧？"

　　我想，还好上次同学玩的时候给我掰坏了，不然我可找不到它了。

　　经过一番争辩，她最终示弱了，她低着头，咬着牙，冷着脸，抓起量角器朝我的桌子一扔，然后走出教室。也因为我们的吵闹，全班都知道了她偷了我的量角器，我站在那里愣了半天，才把量角器放回笔袋中，开始写作业。刚拿出要写的作业，突然，我的量角器鬼使神差地"蹦"了出来，我定了定神，反复审视自己眼前的量角器，心想："哎呀，这可怎么办，我错怪她了。"看着面前两个一模一样的量角器，我心脏怦怦跳，她去完洗手间回来了，此时我恨不得找个缝儿钻进去，来掩饰我此时的尴尬。她看到桌子上有两个量角器，就朝我走过来，我心里想："她会怎么对我呢?"结果她只是把量角器拿了回去，对我笑了笑。看来唯一的弥补方法只有道歉了!

这件事虽然过去很久了，但记忆犹新，仿佛是昨天发生的一样。

指导教师：赵　磊

论　骨　气

◎初一3班　胡宸轩

　　有骨气的人是刚强不屈的，这种人绝不随波逐流，永远坚定操守，往往只有这种人才能活得有尊严。而没有骨气的人也往往会遭受世人唾弃。

　　自古以来，我国便有许多有傲骨之人。我国著名文学家鲁迅曾经说过："横眉冷对千夫指，俯首甘为孺子牛。"在那个年代，他敢于批判社会的黑暗，经过百般阻挠，仍具有坚持写作的血性；东晋时期杰出的大诗人陶渊明不愿意去低声下气地讨好高官显贵，他不为五斗米折腰的故事广为流传；南宋爱国诗人文天祥常年征战沙场，杀得敌人闻风丧胆，虽因朝廷腐败而国破家亡，他决不归顺元军，大义凛然地吟诵出了千古佳句"人生自古谁无死，留取丹心照汗青"……这些仁人志士无一不拥有一身傲骨，他们或被世人传颂，或顶天立地，或留下宝贵的精神财富。

　　反观没有骨气的人，如过街老鼠一般人人喊打，在社会上也就没有了立足之地。一个没有骨气的人难以立足社会，一个没有骨气的国家、民族，又怎能立足国际社会呢？

我们要从现在开始培养心性，立志做一个有骨气的中华儿女！

指导教师：赵　磊

积雪中的花

◎初一5班　陈诗怡

在冬天一个寒冷的早晨，太阳公公上班了，他说："好，今天我一定要把积雪全都融化掉。"整个原野都被照得亮亮的。昨天还是一片积雪的原野上，今天竟然开了一朵有不同颜色花瓣的小花！"早安，你是谁？"太阳公公非常惊讶地问。

花儿回答说："早安，我是一朵有很多种颜色花瓣的彩虹花。秋天的时候，我还是泥土里的一颗种子。我努力吸收营养长大，现在终于见到你了，我多高兴啊！我想跟每个人分享我的快乐。"

过了几天，一只蚂蚁从花儿身边走过。

"早安，我是彩虹花。你是谁呀？"彩虹花问。

"我是一只小蚂蚁。我现在想要回家，可是雪融化了，原野中有一个很大的水洼，我不知如何过去……"

"是这样啊，那你爬上来摘一片花瓣试试看，说不定能用上呢？"

蚂蚁摘下了一片花瓣，把花瓣当作船渡过了水洼，回了家。

又过了几天，一个很舒服的晴天，一只蜥蜴从花儿身边走过。

"你好，我是彩虹花，你是谁？"彩虹花问。

"我是蜥蜴，今天我要参加宴会，可是没有合适的衣服，我该怎么办？"

"哦，也许我的哪一片花瓣可以帮到你，你试试看！"

花瓣又少了一片……

白天越来越长了，现在已是春天，好像有一只小鸟从天空中飞过。

"你好，你是谁？你还会飞？天上是什么样子的？"

"你好，我是小鸟。因为我有翅膀，所以我会飞，天上景色非常好，有机会带你一起来天上玩啊！哦，对了今天是我女儿的生日，我没有选到合适的礼物，正着急呢！你有没有什么好的建议呀？"

"那你看看我这儿有没有她喜欢的彩色花瓣呢？"

鸟儿带走了一片花瓣，花瓣又少了一片！

突然有一天，乌云遮住了天空。眼看就要下雨了，该怎么办？一只刺猬愁眉苦脸地从花儿身边走过。

彩虹花用虚弱的声音说："你好，我是彩虹花。感觉你不太开心，我能帮你什么吗？"

刺猬说："马上下雨了，可是我没有伞。"

"那你选一片花瓣吧，希望可以帮到你。"

花瓣又少了一片……

天空越来越暗，传来阵阵雷声，大风把最后一片花瓣也刮走了……

太阳隐去了自己的光芒，但彩虹花仍然静静地站在那，仿佛要拥抱这个世界。彩虹花的花茎轻轻地，轻轻地飘落下来。

很快，大雨倾盆而至，一片雾茫茫的。

彩虹花的花瓣带着她的种子飞向了各地，冬天的原野上还会开满彩虹花……

指导教师：梁曦丹

乡土气息

◎高一4班　郑凯元

伴随着刺耳的鸡鸣，太阳依旧默默地从天边升起。然而在田间干活儿的人们，在鸡鸣之前就早已起床为自家的庄稼忙碌了。骑着车的、快步踱去的人们稀稀疏疏，他们有着共同的方向——田野。

我儿时也在乡下待过几年，是在上小学之前，爷爷起早贪黑地奔波，每天我醒来床上总是剩我一人，但桌子上依然有热乎的饭菜，而我醒来吃完早饭后的第一件事就是走出家门，拿着水瓶向地里跑去，因为我知道爷爷干了一早上的活儿肯定早已汗流浃背，需要喝些水休息一下。

休息之余，我还总是问爷爷："为什么每天要这么辛苦？爸爸妈妈说你应该在家好好休息，可你总是不听他们的，一个人到地里忙东忙西。"爷爷说："这种地养家是老祖宗留下的习惯，我一天不去地里转两圈，我这心里可是难受啊，这土地就是我的生命啊。"那时我还不懂爷爷说的话，只知道每天陪他一起去地里，但他不会让我下地，就让我坐在地边上看着他，有时还会抓只小虫子拿过来给我玩，日子一天天过去，我知道爷爷最喜欢的就是秋天麦子熟的时候，在金黄的麦穗的映衬下，爷爷脸上的笑容是无比喜悦的，因为他知道丰收是个好兆头，有好运。

爷爷有时还会带我去村口小河边里抓鱼，爷爷抓鱼，我就看着鱼篓里面的鱼，当鱼篓装满鱼时，爷爷就不抓了。有时还会碰到河虾河蟹，爷爷的手巧，也会抓虾和蟹。那时，我们回家后就能吃到香喷喷的鱼虾。

儿时我最喜欢雨天，因为这样爷爷就可以不用去地里干活儿，可以在家多歇一歇。虽然嘴上说不担心，但我知道他心里还是担心雨太大万一把苗压折怎么办，他甚至还会披着雨衣骑着车就往地里冲，生怕苗被压死。是啊，爷爷守了一辈子土地，怎么能不担心？毕竟他是把土地当作自己的亲孩子养育呵护啊。

如今，爷爷早已离我们而去，埋在了他深爱的土地里，与土地一起感受那乡土气息。我那流过的童年，如今再回想起，多么无忧无虑，充满乡土的味道。我深爱着爷爷，深爱着家乡。

指导教师：焦瑞更

野乡，乡野

◎高一4班　王廷轩

老家所在的城市，即使有高楼商场也是最近几年建的，往整个城市的里面探，是一望无际的土地，人们叫作野乡。

野乡，野在土地，有些地方就是荒着，什么也不种，或许是农家人忌讳风水。"下地走走"似乎也成了农家人的规矩，我们家亦是如此。刚好离家不远有一大片野乡，父亲陪母亲回娘家时，吃完午饭，一家人默契地套上外套去田里转转。野乡不远，走走停停就到了，踏着泥土，俯仰只有土地和天空，土地和天空同时变得一望无垠，我们的谈话也渐渐变得随意，想到什么就说什么。

我现在，还算一个孩子，学着成年人的谈话方式，有时插上一两句。有时又看着不远的房屋，矮矮又稀疏，我们大多沉默不语，但之间的气氛是轻松随意的。路过的那些田地大多种着五谷，也有富裕的农户种些棉花。田地的边上是高高的野草和扎手的苍耳，我顽皮，扎得毛衣上也有。

也有其他家庭、邻居闲逛，在田里遇见用乡语打个照面，也有骑着三轮忙着施肥的，时不时按喇叭，提醒我们这些过路人。我们一家人在田野里走着，整整齐齐，成了后来为数不多的集体回忆。

时不时遇到水渠，我也洗洗脚，拍拍沾在身上的尘土。一直到现在，回了姥姥家，我们也不时下地走走，沾沾土气，挨挨土地，仿佛脚挨着土地，心就笑了。一大片田地，一次走不完，我们走了许多次，每次都是不同的路线，即使这么走着，依然有从来没踏足的地方，它们似乎在告诉我，走到那里去看看。

野乡是乡野，有很多的粮食和很厚重的民风。因为家里有一块地，我爸也告诉我，记得回去看看，城市生活不下去，就回乡种地，因为家里他的兄弟姊妹常提醒他，所以他也常点点我。有一天，我反问他："种什么？"他不假思索回答："种五谷，种能活的。"我又说："我想种棉花，行吗？"他说："行，你自己看着种吧。种地也需要技术。"似乎这一块土地像一把圆规，圈着人们，别走太远；提醒着人们，别忘了落叶归根。

祖祖辈辈，一代又一代的繁衍规定了生与死的选择，在冥冥之中。像是土里可以种许多不同的蔬菜，豆子，花生，一茬又一茬，但你不能一直重复种一种，这样会坏了土地的法则，即使有只种一种菜的时候，也是因着规律，顺其自然的。

路和土地一样，有没开发的，有开发的，也有荒废的。路没有尽头，土地也没有终点。

其实我们走了那么多路，只能在适合的地方选择回程，和人生一样。我们爱着土地，像一个老者爱着他的童年，像一个诗人爱着他的月亮。

独此一份。

对于乡的土回忆，像是品一坛老酒，浅尝辄止，一醉方休。

指导教师：焦瑞更

罗宋汤香溢满心

> 记忆中的厨房总是被罗宋汤的香气裹挟着。
>
> ——题记

快一年没有见到姥爷了，心中的思念如水滴，现已汇成汪洋大海。姥爷的身上有一股特殊的味道，在我的心里永远记得。

罗宋汤本是俄罗斯的一道菜，但是在我姥爷的手中经过改良，成了属于他的独家菜。凡是品尝过姥爷手艺的人，都对此赞不绝口。"高端的美食往往用料最为朴实"，卷心菜、土豆、西红柿和牛肉少了谁都不行。

用清水为蔬菜们清洗身体，溅起的透明花朵在它们身上留下珍珠作为礼物。西红柿的内心是柔软的，酸酸的，仿佛在想许多美好的事情；为卷心菜脱掉一层层厚重的绿外套，放进锅中；为土豆去掉外面坚硬的铠甲。蔬菜们！好好享受这次的温泉吧！牛肉也没有闲着，它们已经被送入另一个锅中了，姥爷用香料让它们全身都香气四溢。牛肉会提前出来，与其他的伙伴享受另一份快乐。

厨房的姥爷被罗宋汤的香气围绕着。

雪白的陶瓷碗盛一大碗罗宋汤，香气从鼻孔中钻入，直冲我的五脏六腑，将我肚中的馋虫勾引出来。姥爷笑着为我端来一碗白米饭，我顺手抓起桌上的勺子，把头探到碗里去吃起来。我的吃相已经不能用狼吞虎咽来形容了！偶尔被噎住了，喝一口浓郁的汤，让汤的每一分香气都在口中化开。风卷残云过后，甚至脸上沾着饭粒我都浑然不觉。

罗宋汤虽没有火锅的食材丰富、牛排的嚼劲多汁、海鲜的多肉鲜美，但它包含了姥爷对我的爱。姥爷从小就陪伴我，一直到现在，姥爷不善于表达出他对我的爱，但是我却知道他爱我。因为，姥爷把他的爱都与食材一起烹饪在汤中了。

一碗罗宋汤，情溢我心中。

指导教师：王伟雄

蛇皮京胡

◎高一1班 徐辛怡

　　小时候，总是期盼着暑假。不必说那刷着蓝色油漆的大门，也不必说院中高大的槐树、满院的茄子和南瓜，单是飘出院子的悠悠京胡声，就令我回味无穷。

　　爷爷总是有很多新奇的物什：手工红木盒子，黑色的二八大杠自行车，但我最感兴趣的，还是他的蛇皮京胡和曲谱。

　　好奇的我在偷偷地看。

　　爷爷有一双巧手，虽然那双手如同干枯的树皮，粗糙如毛毡，但它们却能造出如此新奇的物什！我会假装已经午睡，偷偷扒着门框，看爷爷将木头锯开、雕刻，将整块的蛇皮裁剪成圆形，伴随着木屑的清香和金属的敲击声直至京胡成形。因看得太过入迷，才觉红日西斜，我也因不睡午觉被奶奶嗔怪。可我仍然想继续看爷爷做京胡，于是第二天中午，我仍手扒门框，看得入了迷。爷爷总是那样专注，他戴着眼镜，不放过任何一个细节。终于，在第三天的傍晚，爷爷的蛇皮京胡做好了，我迫不及待地想去摸一摸。这京胡对于小小的我来说沉甸甸的，我的心里亦是沉甸甸的。

小小的我在认真地听。

爷爷喜欢边拉边唱，京胡的马毛弓子在他手中上下飞舞，时而激昂，时而低沉，爷爷年迈的声音也在此时变得激昂浑厚，嘹亮的戏腔让整个小院都变得生机勃勃，同时也填满了我的童年和夏天。受爷爷的熏陶，我也钟爱戏曲，会趁爷爷不在家偷偷拿京胡拉上一曲，喜欢在无人处哼唱新学到的曲子。

五年级时，那个可爱却又不苟言笑的老人离开了。按当地的习俗，逝者生前喜爱和常用的物品都要陪同逝者入葬。我只能无助地看着大人们将爷爷生前之物都拿走，也包括那个蛇皮京胡，葬礼结束后，我呆呆望着那个空了一半的房间，感觉心里的东西也突然被拿走了。

往后的日子里，我一直没有再看过当年最爱看的戏曲频道，也没有再接触过有关一切戏曲的东西。可是在我的心里，一直留着一处位置。

上语文课时，老师给我们放了一段京剧，随着水袖挥舞，京胡激昂，我的泪水夺眶而出。

是啊，爷爷，京胡还在，一直都在。

指导教师：王伟雄

藏在饭菜里的爱

◎高一1班　徐辛怡

傍晚，夕阳橘色的光浸染大地，家家户户的烟囱里冒出缕缕炊烟，厨房里蔬菜与炽热的锅底摩擦发出吱吱响声，与孩童玩闹欢乐的声音相伴。我行走在这人间烟火中，不由得加快了回家的脚步，去追寻属于我的那一份温暖。

回到家，不见妈妈的身影，但厨房菜刀与木质案板相互碰撞，清脆的响声有节奏地传出来——这已经暗示了一切。我已经悄悄溜到厨房门后，从背后瞧着妈妈。她眉眼低垂，围裙宽大的裙摆松垮垂着，右手紧握菜刀，细致地切开一个个饱满还挂着晶莹的水珠的西红柿，顿时汁水四溅。一个个鸡蛋被洗净脱壳，哧溜滑进碗中。

妈妈把金黄的蛋液倒入锅底，一瞬间蛋液耐不住高温，底部一下子凝固了，木铲在锅中娴熟地翻动，滑动的蛋液被炒至双面金黄，边缘微微焦煳，凑近一闻，鸡蛋淡淡的醇香钻入鼻尖，我夹起一口品尝，妈妈眉眼弯弯的，带着笑说："你又偷吃。"西红柿沿着锅边进入锅中，鲜红的汁水渗出，锅中大量水分升腾，瞬间腾空，萦绕那小小的厨房，香气也悄悄冒出了头，带着温度闯进我的心间。酱油为那新鲜水嫩的菜添上了色彩，加上了一层黄褐色。上下翻飞的木铲渐渐停歇，厨房盛大的音乐会步入尾声。妈妈抬手擦去额头上细细的汗珠，端上一盘色香味俱全的西红柿炒蛋。

"快尝尝，好吃吗?"妈妈的眼眸明亮而澄澈，望着我。我夹起一口，吹一吹，浓郁而鲜美的味道在舌尖绽开，味蕾得到满足。"嗯，好吃!"我扬着嘴角笑着回应。

时光在我们细碎的言语中悄然流逝，这盘西红柿鸡蛋，极为普通，又独一无二。妈妈，一日复一日地在茶米油盐中，注入她永恒的爱，爱是无言的，却悄悄地藏在每一日的菜肴里。

指导教师：王伟雄

在街道的回声中漫游

◎高一1班　王含月

又是一年秋天，梧桐树的叶子婆娑摇曳，它们在和路过的风寒暄。外面已经有一些凉意，我穿上长长的外套，再一次来到那条小小的街道上漫游着。我在台阶上坐下，弯腰捡起一片落叶，端详着，竟出了神，我联想到它春夏的美丽青翠，也想到小时候在那条街道上度过的时光……

还记得那年春天，您用宽大的手掌拉着我小小的手，在那条街上散步，您迈着大步向前走，慢慢地，稳稳地，而我像一只活脱的小兔，颠两步，蹦一下，再跑几步，东瞧瞧，西看看。"爷爷，你看！这棵树长出嫩芽了耶！"我跑到街道一旁，用小手指着树枝，眼睛睁得大大的，笑容溢满了脸上。"是呀，春天里树就会长新叶子哟。"您对我讲。正说着，一团白絮忽然飘飞过来，轻轻地落在我的脖子上，像个调皮的小精灵一样，用它那雪白的茸毛挠得我咯咯直乐，我把眼睛眯成一条缝儿，张开嘴巴就露出了还没有长齐的牙齿，您在一旁看着我，眼里流露出了慈爱，嘴角弯成了一个弧，向上翘着。

天气渐渐热了起来，人们穿的衣服从长袖变成了短袖，蝉儿也在小小街道活跃起来了，"知了——知了——"它欢快的歌声传遍了街道，在欢迎夏天的到来。我和您在这条小道上走着，一起去买早点；过了一会儿，只听得阵阵吆喝声从不远处传来，我赶快跑过去看，那是一家早点铺。买完早点，手里的豆浆香味直往我的鼻子里钻，我忍不住想喝，在街上就喝了起来。喝一大口，热饮顺食道流进胃里，顿时就觉得很满足。我抬头看您，您笑着拿手蹭了一下我的脸，说："你都把豆浆喝到脸上去啦。"我调皮地吐了吐舌头，扒着眼睛做了个鬼脸。那天的骄阳正好，透过浓密的绿荫洒下来，落到我和您的身上，为我们披上了金色的外衣。

我随着夏天的树一齐长高，不知不觉间，一片树叶从树上悠悠飘落，渲染了秋色，就如蝶儿在空中翩翩起舞，叶子枯黄，边缘微微内卷，轻轻地落在了地上。一片又一片的树叶落下，在小道上铺上了一层金黄色的地毯，那时候最快乐的事，就是和您在小道上漫步，脚下树叶发出清脆悦耳的声音。我在小道上尽情地踩着，玩着，这条小道记录下了一切啊！

深秋，已经很冷了，渐渐就入冬了。天气愈来愈冷，那时还很小的我，就只好在家里玩。深冬，下雪了，我趴在窗户边，睁着大大的眼睛看着天上的雪花，它是那么晶莹剔透，温婉如玉，在冬日阳光的映衬下，闪耀熠熠辉光；又纷纷扬扬飘落，落在了这条小道上，和它轻轻地呢喃着，让这条小道安睡。我再也顾不上什么冷，拉着您，迫不及待地冲出来，来到这条小道，小心翼翼地留下一个又一个的小脚印，轻轻地捧起一小撮雪花，看着它融化在手心里。我转过头去，和冬天的小道一起在时光相机里合了张影。

瑟瑟秋风吹过，我回过神来，想一想，这条小小街道，已经默默地陪了我数个春夏秋冬，见证着我一年年长大，见证着这个小城的故事。可是我早已不住在那里，也长大了，现在和这条小小街道相逢的机会少了，怀念的次数多了，在空闲时间，才能来看看。儿时的那些趣事和纯真，大多也记不得了。那载满了童年的小道还在那里，被岁月雕琢，它是一种怀念，是一种童年的信物，也承载着浓浓的亲情。

指导教师：王伟雄

致李大钊先生

◎高一1班　王含月

李大钊先生，您好！其实我更愿意叫您守常先生，因为在我印象里，您总是戴着一副眼镜，穿着一套深灰的、泛着陈旧与书墨香的长袍，伏案执笔，黄卷青灯。我总会觉得，守常先生这个称呼，在革命烈士的光辉下，更接近那位平和可亲的老师。

您还记得吗，在您刚回国时，在路边看到一位衣衫褴褛的母亲，抱着她的孩子，泪流满面，跪着向众人祈求一点儿钱，给孩子治病。周围成群的人站着，无动于衷。这时孩子的父亲冲出来，把她拉起来，说："你站起来，死也要站着死。"我想您也许是因为这句话感动，悲悯之情油然而生，您去当铺当掉了自己所有值钱的东西，甚至去借钱，穷尽所有，坚持带他们给孩子治了病。那位孩子的父亲叫葛树贵，他对您感谢不已，想报答您，您却只是问他："我们能不能交个朋友？"

您还常常救济困难的学生，帮助路边生活贫穷的百姓，拿着不低的薪水，家里却剩不了多少钱。还是蔡先生每月扣下三十大洋给您妻子，才解了燃眉之急。

守常先生，在您身上，我真切感受到了您骨子里中国人的温良，您是平易近人的，如太阳般的和煦温暖的，谦和中有力量。

我一直敬仰您，因为您不仅有温良，还有坚定。

"我们自己的国家，我们不爱，谁爱？"在那个年代军阀混战，中国积贫积弱，民不聊生。您从日本回来，同陈独秀和各位同仁们一起，为中国寻找药方。您在黑夜里寻找光明，在风雨里宣传新文化。俄国十月革命爆发，革命的成功，给了您一个很好的启发。您于是深入研究马克思主义，翻阅各种资料书籍，苦心钻研。

1927 年，守常先生，您当时 38 岁，您用自己的生命质量，化作燃烧光亮，为革命再添一把火炬，让革命的熊熊烈火，传遍中华。

"铁肩担道义，妙手著文章。"您一生坚守着自己的信仰，无所畏惧，矢志不渝，为传播马克思主义而殚精竭虑，为追寻真理而英勇献身。您巍然屹立在燕赵大地上，您是燕赵儿女的荣耀，是中国划破黑暗的烈烈火光！我们深以您为荣，也定牢记先生之志，循着您的道路，以青春之我，创建青春之家庭，青春之国家！

指导教师：王伟雄

图 书 馆

◎2014 级高二 9 班　刘尧佳

前年暑假市里的新图书馆对外开放了，因为离我家很近，我便兴冲冲地办了读者证，冲向图书馆。

新的就是气派，原来的老图书馆窝在闹市的一条小窄街上，被廉价的卖鞋摊子皮包摊子包围，不远处还有各种各样的小吃摊。地上因长期堆放垃圾而产生的黑渍令人看到便极想皱眉头。老图书馆的楼也不知是 20 世纪几十年代盖的了，被水洗成青色的外墙看上去就有一股阴冷的感觉，四合院中间青苔满布，潮湿阴森的灰黑墙面让人阵阵发寒。更不可思议的是，说是图书馆，却只是几个小房间凑到一起罢了，更多的空间被各种类型的辅导班占据，这样的环境，着实让人没什么太高的阅读兴致。不过因为这是新华书店不能借书前唯一可以借阅的地方了，也正是在那里看到 2007 年《儿童文学》的合订本，才让我后来成了它的忠实粉丝直到初三。

走进新图书馆，那宽敞的空间，那整齐的书柜，那一排排桌椅，让我连连夸赞。有了这不错的硬件，再一看书柜上那些依旧泛黄的卷页的不知哪辈子留下的书，唉，也就认了吧，就连言情小说也可以装作千年古籍的样子 。从此，图书馆就成了我避暑的好去处，虽然那时还未在里面发现那些看上去极珍贵极古老的鲁迅啊巴金啊等名家的作品，大概也忘了当时看了点什么普普通通的小说了。

直到今年回家，为克服一见床就想睡觉的毛病，决心坚持去图书馆享受良好的学习氛围，努力达到阿才所建议的每天不低于六小时学习时间。二中果然是一个高素质的学校，早早地放了假，让我享受了两天清闲的图书馆。可这两天，随着各个学校陆续放假，初中生、高中生、大学生纷纷聚集此地，加上几个爱看报的老爷子和陪孩子来的成人们，图书馆终于开始凭证进入了。

对于我这样一个没有专业知识只是假装爱看书的高中学生来说，图书馆应该是用来学习的吧，是用来阅读的，是用来给忙碌的心灵喝杯咖啡休息一下的地方，自习室就别说了吧，虽然我也不是自习课没偷偷说过话，但毕竟出了学校也是个高素质的二中人。

说说今日令我极不愉快之事。

才刚开门，图书馆的自习室以极其迅速的速度被占领着，大家的学习热情真是高啊，抬眼一看，各个都低头忙碌，书本摊开，手指飞动，嘴角不时浮现出笑意，正想抒发一下感慨之情，再一瞅，想看看那些认真的面孔，却发现许多人摊开的书本上却放着手机，笔还未拆帽，正玩得不亦乐乎。看来学习这种事只可远观不可近瞧啊，远看很认真，近看更认真，只是这认真的对象不同罢了。唉！其实我又有什么资格说人家，自己也在图书馆玩过手机，也罢也罢，没脸评论。

手机摆在桌上，还好一直连接不上网，不然我也成了被自己唾弃的人了。还是写写我怎么也不认识的数学作业吧！忽然，来了两个看似文静的女生坐到我对面的位子上，看她们拿的书还是初中生呢，为了体现一下我高中学姐的刻苦精神，我头也不抬地埋头算那道已经算了十分钟仍在算出不一样结果的题。两人悠闲地坐到椅子上，开始喝酸奶玩手机聊天，我忍了，毕竟如果有同学在一起我也会兴高采烈地聊起天来。吃饱喝足刷完动态拿出作业以及答案，开始抄。好吧我也不是没抄过作业，大家都是学生嘛都理解的，但还真很少敢一眼不看就开始抄，总是心怀愧疚想万一提问怎么办万一要我讲题怎么办，关键是她们抄的还是数学！唉，不过这也不是我该管的事，内心暗暗叹息一声，继续写作业吧。刚开抄两分钟，其中一人拿出一个东西，怎么说呢是一个相机又不是普通相机。她开始自拍，对她在图书馆自习室开始自拍，并且重点在于她完全停不下来！我偷偷抬眼瞥了一眼，也不是啥美得不能行的人啊再拍不也长这样吗，但挡不住她嘟嘴微微侧脸渴望让别人分享她美丽容颜的潮流，像我这种天生不丽质又不喜欢看拍照感觉的人，简直是没救了。

正感叹对面女孩的容颜，门口突然传来争执声，不是昨天还看见的那个骄傲地笑着给别人说自己在学五笔打字的老爷爷吗，怎么回事？仔细一听，其实也不用仔细听，因为争执的声音传遍了每一个角落。原来他没有带借书证想进来看看报纸，以为自己天天来能混个脸熟应该没事，可是工作人员却偏要阻拦他。老人家年龄大了任性这可以理解的吧，让让人家老同志吧，可工作人员还来劲了非要和人家吵起来。老头也是太任性，拍着胸脯咣咣地说："我就进来你能把我怎么着，有本事你们打我啊！"索性还盘腿坐到了地上，一副气不过的样子，图书馆的一个女工作人员也是年轻嘴利索一直不肯缓和。唉，老人家任性罢了，好言劝解让人家心服口服才对，我看就是把老爷子放进来看看报纸也没什么不可以，毕竟你查证的时间一点儿都不固定，前天还可以进昨天就把我拒之门外。作为工作人员上班的时候唠嗑也没什么，只是注意工作的地点是图书馆里，却像乡野的大爷大妈一样不注意音量，还跟老爷子吵起来，这也有点儿不太好吧。

当时我满心愤怒差点儿上去发挥我二中人的高素质去劝解了，但还是没有凑那个热闹。可这时，对面的俩姑娘光看看还不过瘾，拿起手机互相耳语几句偷笑着跑过去拍视频了，回来后还在笑那老爷子神经病啊。

那一刻我突然别过头不想看她们，又突然想大声地骂她们一句神经病，心里有种奇怪的感觉，明明我只是一个凑热闹的人。于是我收拾东西在图书馆位置紧张的时候头也不回地走了回去，那一刻我还能听见那几个工作人员在用尖厉的声音议论刚刚的事情，有一个女人在角落大声打着电话，我竟然没像往常一样舍不得这里的空调和 Wi-Fi。

也不知道该如何评论，关于社会的浮躁心理和不文明现象已经被喷得够多的了。最令我感到不舒服的是，那些事情难道我能保证我原来没有做过吗？尽管我现在在唾弃别人，我能保证我未来也不会做吗？我不能肯定地说一句我确定我没有做过我保证我不会去做，因为在社会中生活必然会被社会的一举一动所影响着。

我们个人的行为影响着整个社会的风气，而社会的风气也会在无形中让我们随大溜地把很多不好的东西理所当然地当成好的。在我们的成长和社会的成长中，我们捡拾了许多我们的祖辈不曾想过的东西，当然也逐渐丢弃了许多我们祖辈珍视的东西。社会是人的集合体，所以社会和人一样在不断成长不断成熟着，它成长的速度甚至比人要快，只是它要经历的过程有很长。一代一代人过去了，留下了自己的印记，被时光的洪流冲刷或是被铭记。也许它正经历着少年的叛逆期，它显出一点点混乱和迷茫。但这不是终点。也许现在有很多人们认为不好的现象，这是好事，因为只有认识到才没有被它冲昏头脑，还有机会可以纠正它。

越来越多的人加入把社会向积极方向引导的队伍中来，引领它正确地度过自己的少年时期走向成熟。尽管我也许做不了什么，也许我还怀着一种凑热闹的心情，但我希望我的离开是标志着一种无声的反抗吧。总要有个循序渐进的过程，从被动地接受社会到积极地改变社会，我们每个人都能做到。

总说"我们的社会会变得更美好"，真的希望它能好好成长。

指导教师：边　一

待到樱花烂漫时

——致武汉新冠感染者的一封信

◎2017 级高三 1 班　武雨若

让我牵挂的你：

　　有没有好一点儿？以你的身体素质是不是快出院了？你要快一点儿啊，樱花就要盛放了，那不是你一直以来的骄傲吗？待到樱花烂漫时，我们一起欣赏啊！

　　第一次自己在医院住院吧，听说医院里的护士不够多，所以你一定要自己照顾好自己。记得喝水，好好吃饭，配合医生的安排。你肯定比我更了解，那些逆流而上的医生护士们都不容易。你也许见过比我们大不了几岁的护士累倒在哪个角落里休息，甚至听说过某个医生也被感染了，但是你应该没见过他们口罩下一道道深深的带血的印痕，防护服里又是怎样的挥汗如雨。

　　护士防护服那么厚重，护目镜又很妨碍视线，给你输液有没有一针扎不准的时候？想到这就更心疼你，但是我更了解你的善解人意。理解他们不是超人，也有普通人的哀乐悲喜；他们不是机器，成不了病毒绝缘体。但他们没有人退缩，拼死拼活就为了救助你，无数个你。

正是因为有了你的配合治疗、善解人意，有了他们的不辞辛劳、永不言弃，才让我，让我们，相信战胜病毒不是奇迹。

所以，你不要太担心这次的疫情了，除了你身边的医护人员，钟南山院士不是又"重出江湖"挑大梁了吗？这把"国之利刃"可是有院士的专业、战士的勇猛和国士的担当。17年前，"非典"能控制得住，17年后，我们的医学科技水平大幅提升的现在，相信疫情结束肯定是很快的事了。你就照顾好自己，等到樱花烂漫时我们一起去欣赏啊！

知道你操心家里，你放心，一切都好。封城不孤城，武汉，全国都操着心呢。党和国家领导人带头捐了款，海外的同胞们收集了防护用品，很多菜农果农献出了自己的收成，我也捐出了我的压岁钱。大量应急物资不断驰援，物价没有疯涨，物资没有短缺，该办公的办公，该学习的学习，只是街上有点儿冷清，门口的热干面辣鸭脖都停业了。

最近在读什么书？你不是一个轻易荒废时光的人，无论身处何种境遇。我也正紧张地备考呢，为了和你们并肩作战，早日战胜病毒，我们选择居家隔离，但是"停课不停学"，我们都不能因为疫情而忘记了理想，不是吗？

让我们共同期待樱花烂漫时，摘下口罩，放肆笑！

愿安好！

武雨若

2020 年初春

指导教师：边 一

淏桐、承右、铸函、张佳来练羽毛球

◎高一6班　于承右

淏桐、承右、铸函、张佳来练羽毛球。

来曰："以吾一日长乎尔，毋吾以也。居则曰：'吾球技差也！'如吾与尔战，则孰赢哉？"

淏桐笑而对曰："球之高手，摄乎你我之间，加之以良球拍，因之以良球；吾与尔战，比及三秒，足使尔败，且彻败也。"

佳来神色不屑。

"右！可与吾战？"

右对曰："善！尔自不量力，速与吾战！"右之技若行云流水，反观来，实则莫能曰可矣！来乃大怒，咆哮曰："尔赢之以气运，此局固吾赢之！且吾乃汝之师，尔之弱固不可敌吾之强！"以来之非理，右则奚暇治礼义哉，遂答曰："以尔之自高自大，'球德'未之有也。"且掷球拍而不顾。

反观来，但见其面红耳赤，默不作声。

铸函见来之状，大笑。问之来曰："今日之事何如？二连惨败，敢问佳来君可愿再与吾一战？"来对曰："竖子莫骄！

俟吾易良球拍一副，对尔以良球拍，吾足以赢也！"函乃大乐，此真无用矣。少顷，来操新球拍一副，满面春风，曰："呜呼！函！速速与吾一战！"天色已晚，函与来乃定胜负以三球。少顷，但见来双颊泛红，输函以三球，实属自不量力。函趋而对之曰："无他，惟手熟尔！"笑而去。

来覆其球拍于地，泣下。湨桐、承右、铸函见状，慰其曰："来不骄不躁，乃体育之德也，如函所言，技高无他，惟手熟也！"

来哂之。

指导教师：张文慧

论豆腐脑儿

◎高一6班　郭起扬

郭起扬，江苏徐州人也。幼时曾居于河南，十二之河北，今已有四载余。

江南之豆腐脑儿，为饮品。糖水与之混合于杯中，甜润不腻。或加之以红糖果干，皆可。

吾至河北，因好饮甜豆腐脑儿，故恶于咸豆腐脑儿也。仅添卤水，可尝试之；若加之以香菜、辣椒、黄豆，掷碗而走。

怒，欲与室友言，室友趋而避之。

已而，已而！鸟兽不可与同群！

怃然太息良久。

指导教师：张文慧

青　年

◎高一7班　高程一

　　势之于今者，诡谲矣，处之于中，何以得时之运亦了天下事？为以青年之辈，虽未尝处于困，但应明局之困也，局之所变，为前者之未有也。何以明志？以何明志？为今之青年之所虑也。梁曰："制出将来之少年中国者，则中国少年之责任也，使举国之少年而果为少年也，则吾中国，为未来之国，其进步，未可量也！"时于今，数志士为国之富，族之兴，民之足，以命而代之。吾辈何以报其功？唯定意之所思，念之其志也。青年者，因其有过人之能以应万变，故吾邦可御敌矣。青年之所向为国邦之所从，是故国邦兴于青年而青年因国邦而成。

　　忆往昔，任辱于邦也，国之青年，使命之不辱，挽邦于水火，似霖之助于国，霖之所至，有物众生。青年之强，因族以托之，因其志未尝易也，故青年必以族为己任。

　　任重兮道阻，行远兮亦艰。何伤乎？处于其中，破之以前。前者之为何？何以挡焉？

　　邦之青年，因时于学，故莫重于情。情者，进之阻也。邦之强也未及，族之兴也未达，人之情何言？因其有志，因其有向也，故力之所及处便为邦之复兴梯，其皆出于此乎！

局者，今仍迷之变也；向者，今仍未之改也。进之力何以停？停者，怠也。进者，奋也。退者，因其不变而退未尝闻也。青年之所行，以学为力，以志行前，止于学者非进步之类也，寝于堂者非善学之类也，敏于思亦善于行者，此乃善学之辈，夫国者必因之强，民者必因之安。

嗟乎，夫青年之任也荣之，似势于今，虽危而遇存也。故曰：今日之势，青年之辈定矣。定千里以居善者谓谁？明时局且稳邦者谓谁？负青春以明宏志者谓谁？此为青年也。

指导教师：张文慧

受 教 小 记

◎高一7班　刘桐愉

　　一日午时，欲食于卧榻，故小心而为之。食者色泽俱全且汁味充盈，之所以有汁味于其中，是故汁满。因其汁满而溢，流于卧榻。吾见不妙，欲借纸于同屋之人，未承想管者于门外曰："谁言?"吾心甚慌，答曰："吾。"对曰："削两分。"吾益慌，曰："何为?""食者，两分也。"闻言，吾心死。

　　旦曰，受训。

　　经二日，吾因洗头，不能覆倒，患头将痛。管者见，目视吾良久。吾与之对视，恐其削分，以手指头，欲其知吾意，见其不动，乃言："头未干，不能寝，恐其痛尔。"管者闻言曰："其无理于此。"吾闻之，甚不说。直无法，卧，并未寝。俟管者去，吾起。吾甚怒，但无以反抗。吾行虽伏，但心不伏。因吾心思，吾无过也。经此，曰安分守己，无违也。

指导教师：张文慧

二胡韵，师生情

◎高二8班　苗雨欢

记得那年长街春意正浓，宛如豆蔻枝头温柔的旧梦，您含辛茹苦，用行动谱写着中华源远流长的文化传承，指引我走上二胡的历练之路，二胡的琴弦情意绵长，我愿化作轻盈的梦，跟随您的足迹，诉说独家的记忆。

初学二胡，懵懂无知，自吾从学以来，得一师，师已年过半甲，从教三十余载，桃李满园，学子千万，恰此时度我。万籁俱寂，老师与我来到小院，我架起二胡，缓缓拉弓，木香萦绕鼻尖，有些锈迹却紧绷的琴弦重合着，任我轻轻地揉动，重重地划过，可一串串音符如同杂乱的毛线缠在手上，怎么也奏不出完整的旋律。

老师教导道："你乐感颇好，稍加练习，定能奏出瑰丽的琴韵。"每一个动作，您无不亲自示范，每当我出现差错时，您眯起眼，示意我重来。听从您的教诲，勤加练习，可琴声却随手指的拨动愈奏愈烈，不堪入耳，索性提出放弃。

老师不理会，只是手捧一把二胡，双眼微闭，她的左手在琴杆上下移动，右手拉动琴弓 。那皎洁的月光，潺潺的流水，在老师的二胡上，变成一个个动人的音符，在琴弦上跳动。悠悠的二胡声，心中的悲鸣，落叶的沙沙声响，暗淡的灯，微微耀着，一曲终了，余音袅袅。老师挽起耳边的碎发，正色道："世人皆知白衣临岸的前方是绝世盛景，却不知这一袭白衣从泥泞中走来，二胡的两根弦，一根像过去，一根像未来，这两根弦连起的便是历练二字，无论是现在还是未来，我希望你能谨记我这番话。"

此刻，您把我从山间小路引上光明大道，为我点亮了一盏心灯。我终于从您弹奏的《二泉映月》和教诲中，了解了阿炳饱经风霜、痛苦不堪的岁月中，表现出来的铮铮铁骨，也认识到了世间不仅有春暖花开的美丽，也有飞雪寒风的凄楚。决心冉冉升起，拾起琴谱，奏响再奏响，以后的日子里，我眼前总能浮现出这样的夜晚，灯光暗淡，您弹奏着这支凄婉哀怨的曲子，教导我历练的意义，鼓励我继续前行。

终于，朝阳透过窗帷，悦耳的音阶和着清风肆意挥洒，老师浅笑："历练后你终如期成就了你。"是了，妙音寄水不再只是梦，老师带我走过病树沉舟，在我明媚灿烂的花样年华中，为我撑起了一片晴朗的天空。

择一事终一生，不为繁华易匠心。师者，气象不凡，目标坚定，为万千学子指明方向，于逐梦路上，伴我前行，难忘师恩，感谢有您！

指导教师：谷雨竹

脚踏实地，刺绣年华

◎高二8班　苗雨欢

　　黑夜里，连点点星光都不曾见过，四周一片寂静，她孤独熬过漫长黑夜，针线起落指间，立足平地，踏实前行。

　　夏日里，奶奶坐在树下，戴着老花镜，注视着手上的锦缎，布满老茧的右手则拿着一根银针游刃有余来回飞舞着，初遇它，便沉迷了。

　　我试着拾起那根在阳光下闪着银光的绣针，拈在手上，翻来覆去地端详那锦帕，手心微微渗出了汗，才缓缓刺过，如履薄冰，丝毫不敢移动目光。绣错一针，便需剪断线头，再从出错前一针处重绣，额头上挤满了密密麻麻的汗珠。温暖的阳光透过雕窗洒在绣品上，针线稚拙，却大致绣出了梅花的轮廓。

　　我满心欢喜地捧给奶奶看，那时的我等不及耐不住，便问可有速成之法，她却抿抿嘴："刺绣不仅是丝绸与针线的交融，更是脚踏实地，倾注着绣者的心血。"

　　听罢，我一个人坐在樱花树下陷入了沉思，花瓣覆着我的眼睑，日光透过那抹粉红，泛着淡淡的黄色光晕，显出一片温柔。花瓣被风掠去，我知，脚踏实地，反复耕耘，方能迎来满山芳华。

流年婉转，我重拾刺绣盘，攥着银针，脑海里又浮现风吹梅花的场景，直针，盘针，套针，平针，彩线便自如地飞梭一般，上下翻腾，似蜻蜓点水，一针一线，稳中求细，取其缱绻，融于布帛，不变的是翻飞的手指和踏实前行的步伐。奶奶看着绸上的花一点点地浮现，栩栩如生，舒展出欣慰的笑容："果然通透了。"我颔首："脚踏实地，才能成功。"

时光荏苒，一瞬花影移，回望来时路，绣盘上依旧还有我一步一步印下的、我曾绣过的痕迹，针线翻转，立足平地，于流年中绽放蓬勃生机。

指导教师：谷雨竹

人生如旅，一书似航

◎高二8班　苗雨欢

人世间有百媚千红，唯书是我情之所钟。

——题记

夜，好静谧，柔和的月光洒了一地银白；夜，好深沉，晶莹的星照了一屋透亮。繁华落尽，心中仍有书页翻动的声音，世间恒能引动我的，唯日月星辰之光、山川湖海之美和书之瑰丽……

一人听傅雷先生的谆谆教诲，一人看冉·阿让的起起伏伏、悲悲喜喜，一人去平凡世界赞少平少安之坚韧，一人在解忧杂货店读跨越时空的来信……书中的喜乐别离岂是一段人生所能品味？那是无数段往事、无数片记忆所拼凑起来的宏伟蓝图。书，便是人生的帆。

每当翻开一本书，便感到疲惫的身心被书香浸润，不知不觉，我也同书中的人物一起经历风雨，遇到彩虹，拨开云雾，沐浴阳光。时光也从书页中悄悄流过。有时净了心，入了迷，几个小时也如几分钟般不易察觉，脑中独有书，心中唯有文。

合上书卷，恍若经历了一世，些许的欣喜中还夹杂着空落落的感觉，可能是我太爱它们了吧。

我有个习惯，读完书后会闭上眼，慢慢回忆书中的内容，再次体味其中引人深思的短句，想想自己喜欢的人物，倍感温暖与幸福。或许这算是一个小小的仪式吧，是个人的读书习惯，是属于我的"书籍闭幕式"。

"正是因为是一张白纸，才可以随心所欲地描绘地图。一切全在你自己。对你来说，一切都是自由的，在你面前是无限的可能。这可是很棒的事啊。我衷心祈祷你可以相信自己，无悔地燃烧自己的人生。"《解忧杂货店》最后浪矢爷爷对那张空白信纸的回信，让我心里有种无法言说的感觉，他的话也好像是在引导着读者们。没错，我现在不就像是一张白纸吗，有着无限可能，要怎么描绘我的地图，全在我的选择，看完这本书，我好像明白了自己的"地图"，就好像浪矢爷爷真的在与我谈话，我想这是不是跨越时空的心灵碰撞呢……

"所有随风而逝的都是属于昨天的，所有历经风雨留下来的才是面向未来的。"玛格丽特·米切尔在《飘》中一语道出根基对人灵魂稳固的重要作用。路很长，灯很亮。一路跌倒，一路坚强；一路坎坷，一路铿锵。《飘》是我最爱的书，虽然比较长，但我仍不厌其烦地读了很多遍，印象很深的一次，我坐在沙发上，捧着《飘》，整整一天都没放手，吃完饭立刻就迫不及待地继续读下去，尽管已经读了好几遍，知道下面的内容，但依旧像饥饿的人看见了面包，大口咀嚼其中的美味。这是我第一次如此爱一本书。我爱里面的人物，每个人的形象都很饱满，女主角斯嘉丽有点儿自私傲娇但却又独立坚强，她有自己的想法，或许是代表了那个时期美国女性希望独立渴望自由的强烈愿望；白瑞德——我很喜欢的一个人物，一位穿越封锁线牟取暴利的商人，狡猾粗率，视道德如无物，但又尊重女性，机敏伶俐，一方面他代表 19 世纪西方资本主义社会中的资本家的某些特性，而另一方面他也拥有对斯嘉丽的深情与独特的放荡不羁、桀骜不驯。读完《飘》，我越发渴望历练，越是失败，越是期待，生活不只有眼前的苟且，还有诗与远方，总有一天，我会拥抱那个心中藏匿已久的梦，同它一起，追寻下一个远方……

春来夏往，秋收冬藏，便也红了樱桃，绿了芭蕉。

我对书的情宛若星空迷上了山野，云彩爱上了黑夜，一直到天荒地老，只愿尽余生之慷慨，留心灵一片书海。

人生是一次旅行，每个人的风景都不一样，但在书中，便可经历更多，感悟更多。书，是这场逆旅的航向。

指导教师：谷雨竹

任重能背　道远不退

　　一代人有一代人的使命，一代人有一代人的担当。曾子曰："士不可以不弘毅，任重而道远。"不同时代都赋予"士"不同的内涵，不同时代都赋予人们不同的重任，我们要志向远大、意志坚强，做到任重能背、道远不退。

　　任重能背，道远不退，是文人志士的责任与担当。

　　一百多年前面对黑暗的中国，曾振臂高呼"正义杀不完"的闻一多，虽知有被抓的风险，仍旧参加了好友的追悼会，最终死在了回家的路上。有多少像陈延年、陈乔年一样的五四青年，毅然走上街巷，呐喊着，嘶吼着。年轻的血液，连通着祖国的脉搏，面对政府的镇压也无所畏惧，"为有牺牲多壮志，敢教日月换新天"，他们最终倒在了黎明前的黑暗中。"士不可以不弘毅，任重而道远"，这时的"士"不再是封建时代的"士"，而是任重能背、道远不退、怀揣责任与担当的"士"。

　　任重能背、道远不退是共产党人的坚忍与信仰。

　　面对油井喷发时，毅然用身躯堵住油井的大庆铁人王进喜；面对兰考县涝、沙、碱三害全面出击时，全力投入生产救灾的县委书记焦裕禄；像一颗螺丝钉，默默奉献自己一生的雷锋；一生奉献投身于让世界人民不再挨饿，而研究新型杂交水稻的袁隆平……这些人都是共产党员中能负重的代表。

脱贫攻坚，全面小康——千年梦想今朝实现；嫦娥探月，蛟龙潜底——大国重器世人惊艳；保护环境，绿色低碳——美丽中国展开画卷。正是一位位共产党人顶住困难，无私奉献，才铸就了人民幸福生活。"士不可以不弘毅，任重而道远"，这时的"士"不再是封建时代的"士"，不再仅仅是责任与担当的"士"，而是怀揣坚忍与信仰的"士"！

任重能背，道远不退，是吾辈青年的奋斗与自强。

我们是青年，是阳春下不甘低飞的蝴蝶，面对困难，我们要披荆斩棘；面对挫折，我们要越挫越勇；面对未来，我们要勇往直前！"弄潮儿向涛头立，手把红旗旗不湿"，少年智则国智，少年强则国强，少年一代有理想、有担当，国家才有前途，民族才有希望。"士不可以不弘毅，任重而道远"，此时的我们也是"士"，是怀揣奋斗与自强的"士"。

在文人志士冲锋在前的身影里，我们看到了"苟利国家生死以"的责任与担当；在共产党人的坚守奉献中，我们看到了"天下兴亡，匹夫有责"的坚忍与信仰；在吾辈青年勇往直前中，我们看到了"手把红旗旗不湿"的奋斗与自强。

一代人有一代人的使命，一代人有一代人的担当，曾子曰："士不可以不弘毅，任重而道远。"每一个时代的"士"都肩负着历史重任，他们志向远大、意志坚强，他们任重能背、道远不退！

指导教师：谷雨竹

小说、剧本篇

引　言

中学小说剧本创作，是一场心灵的冒险。在这个过程中，同学们犹如勇敢的探险家，踏入未知的领域，用文字编织出一个个奇妙的世界。他们不受现实的束缚，任由想象力自由驰骋。可以是神秘的魔法森林，精灵在月光下翩翩起舞；可以是遥远的星际宇宙，飞船穿越璀璨的星河；也可以是古老的城堡，隐藏着无数的秘密与传说。

这是对生活的独特诠释。中学生们以敏锐而纯真的目光观察着周围的一切，将日常的点滴、校园的欢笑与泪水、家庭的温暖与矛盾，都融入剧本之中。他们用自己的方式讲述着成长的故事，描绘着友谊的珍贵、梦想的追逐以及挫折后的坚强。每一个角色都是他们内心的投射，每一段情节都是生活的缩影。

这也是情感的抒发。在这个阶段，孩子们的情感丰富而细腻，喜悦、悲伤、愤怒、感动，种种情绪在心底涌动。通过剧本创作，他们找到了一个出口，将内心的情感化为文字，让读者能够感同身受。或许是一次难忘的分别，或许是一场意外的相遇，都能在他们的笔下成为触动人心的篇章。

这更是语言艺术的锤炼。同学们在尝试运用各种修辞手法、描写手法来使文字生动鲜活。他们精心构思对话，让人物形象跃然纸上；他们细腻刻画场景，营造出逼真的氛围。在不断的修改与完善中，提高语言表达能力，感受文字的魅力。

同时，这也是团队合作的舞台。从构思故事到角色分配，从排练到最终呈现，同学们学会了倾听他人的意见，发挥各自的优势，共同为了一个目标努力。在合作中，培养了沟通能力、协作能力和责任心。

中学小说、剧本创作，是梦想的启航，是创造力的绽放。

悲　伤

◎初三1班　贺熠恒

"大牛你要是再不好好地吃，我就全给二牛吃了!"

偏远小山村的一间小茅草屋里传出来略带稚嫩的声音，这声音的主人便是牛二我了。

因为我家有两头牛，村里人都喊我牛二。

放学到茅草屋里喂牛，这似乎已经是我生活中不可或缺的一件事了。

说到这时，放牛的老人出现了笑容……

日子就这样平淡地过去了半年之久，一场大雨将我家的庄稼地毁坏了。这天我喂完牛之后跑回了家，却见父亲的脸上满是愁容。

我连忙问父亲发生了什么事，父亲闭口不答。

我又是看向一旁坐着的母亲，母亲勉强地笑了笑，说："没什么，只是家里的地淹了，家中的余粮不多了。"

我连忙问："怎么办?"

父亲说："能怎么办，现在只能把那两头牛卖了换钱买粮食。"

我不可置信地说："可是那两头牛已经到我们家两年了啊!"

父亲没好气地道："就这么定了，这事没商量。"

我摔门离开独自生闷气了。

这时放牛老人流露出悲伤……

次日早上，我和父亲牵着两头牛走向卖肉摊。

父亲问："这两头牛多少钱?"

卖肉的摊贩回道："你这牛太瘦了，一头按 90 元。"

"太便宜了，最起码一头 100 元。"

摊贩急忙应下，生怕我的父亲反悔。

我三步一回头地和父亲去了粮油店，买了粮食。父亲把找的 3 毛 1 分钱给了我，让我买些糖果吃。

到了学校，不知哪个话多的家伙把这件事说了出去。从此我在学校里有了一个新外号"牛零"。

我把起外号的同学打了一顿，这件事老师知道了叫来了我的父亲。父亲一边赔着笑一边将我买的糖果往被打同学的口袋里塞。

老师严肃地说："念在你是初犯，再加上没出什么大乱子先饶了你这一回，但如果再出现这种情况决不轻饶!"

这时老人眼神黯淡下来……

就这样平平淡淡过去了八九年。一天夜晚风雨交加，一声"轰隆隆"好比山间野兽的吼叫声。我的父母被这声巨响所惊醒。一边大喊泥石流来了一边将我叫醒。走到了半山腰，我们一家三口人就被泥石流冲向了山下。等到我醒来已是次日早上了，我发了疯似的寻找父母。让我最不想看到的一幕出现了——父母的尸体。我一下子瘫倒在地。

等到乡亲们找到我时已是月挂天边了。

我意识自己能听到的声音很小，乡亲们草草地为我的父母办了葬礼。

自此以后我每天以泪洗面，每天跑到父母坟前诉说发生的事。

这时老人眼角已悄然流下眼泪……

大概又过了两年，我手里已有一些存款，我买了一头牛并命名为"悲"。这时村中的人又叫我"牛一"，起初因为我听不太清一直以为他们叫我"牛二"，我的一位朋友实在忍受不了告诉了我，我听完只是笑了笑。

转眼，十年已经消逝。"悲"死了。我又买了一头牛命名为"伤"。

一年后，我路过了一个屠宰店，店主正在磨刀，捆住了两头老牛的脚。

我说："把这两头牛卖给我吧。"

"你说什么。"

我说："我要买这两头牛。"

大家哄笑了起来，我数了数钱，交给了他。

我蹲了下来解开了两头牛腿上的绳子……

我回到村子中，村中人都聚集起来看热闹，他们骂我傻。

两头牛到了家里，我叫它们为"牛大"、"牛二"。

牛二要歇了，"牛二"、"伤"和"牛大"要干活儿了。

老人说着站了起来，拍拍屁股上的灰尘说："'牛二'回家了。"

老人和牛的身影渐渐远去，歌声也逐渐消失。

指导教师：徐　甄

高塔，希望与卫兵

◎初三1班　王艺航

黄昏将至，红彤彤的太阳伴随着红色的朝霞，向西方远去，几朵被阳光染红的云朵飘过我那小小的窗前，外面的风光无限好。几缕耀眼的光线冲破栅栏，冲进漆黑的阁楼中，照在我的脸上，刺痛着我的眼皮。

这里是一座高塔，似乎从我有记忆起，就住在这里了，身为贵族的亲戚在分割完父母的家产后，借"好心收留"之名把我带到了这里。虽然能从窗口看到天空、大海，以及他们所居住的地方，但这里实在是太过压抑，整个房间除了一张破旧的小床和几本零零碎碎散落在地上的童话读物外，就没有什么了。

这里很高，能上来的唯一通道被两个人看守，自然也不能像"长发公主"一般从窗跳下，毕竟我的头发算不上那么长。

沉思时，木门发出的声响惊醒了我，是一直来给我送饭的派姐姐，她人很好，对人和善温柔，每次来她都会带上读物，让我依偎在她身边，听她用甜美的嗓音，为我讲述童话中一个又一个美好的故事与结局。我曾问过她："我会成为长发公主吗？我可以离开这里吗？"她只是轻轻揉了揉我的头，说："一定会的。"

这次来，我让她又重新为我讲了一遍长发公主的故事，她问我："将来你希望会有一位王子来救你吗？"我看向她，眼中是我自己都没有察觉到的坚定："不！我等不到王子的，所以我也不需要他。"我看了看自己不算长的头发，继续说道，"我要靠我自己逃出去，但我也想和长发公主一样，顺着头发爬下去。"但这次回答我的是一片寂静，我诧异地回头看她，她并没有像以往一样微笑着回答我，只是看着窗外的景色，思考着些什么。那黄色眼眸里蕴含着的深意，我看不懂。

等我们叙完旧，她就离开了，同时也带走了我的《长发公主》，她说，等下一次见面的时候再还给我。夜晚，我怀着不安与惶恐睡着了。

第二天，我并没有等到她的到来，反而是一个新面孔，我问她，派姐姐去哪儿了，她笑着看我，说："你的小派姐姐很忙，有事，就让我来了哟。"她的笑让我很不舒服，像是带着阴谋一般，让人恐惧。她每天来得慢，去得很快，基本上送完饭后，随便翻翻我的书就离开了。每天都在用嫌弃的眼神看着我，她不喜欢我，我同样也不喜欢她。

一天，她带走了我的读物，说是派姐姐需要，她走时对塔下的卫兵说了些什么，卫兵的脸色不是很好，看着她离开了。没过几天，一群卫兵来到这里，带走了守塔的卫兵，我也因此知道了一些事情：派姐姐想要救我出去的事情被知道了，但她提前跑了出去，不知道在哪，卫兵放纵派姐姐拯救我的事情惹怒了亲戚，所以今天他被带走了，至于证据，就是那位送饭的姐姐从书中找到的地图了。

下面乱成一片时，一个熟悉的身影跑上了高塔，她不由分说地把我抱住，似乎怕与我再次分离，良久，她放开我，我看清楚了，那是派姐姐，她那乌黑秀丽的长发早已被剪去，脸上是疲惫与欣喜，她问我："想要自由吗？"我点了点头，声音有些沙哑地回答她："当然。"她笑笑，从身后掏出《长发公主》，说："我来还书了。"我正想接过那本书，塔下却传出了嘈杂的声音，"刚刚那个家伙上去了，快去把她抓住！"我愣了愣，看向派姐姐，这下，可出不去了啊。她摸了摸我的头，从书中拿出早已准备好的绳子，"如你所愿，我们从窗户那里走，爬下去，好吗？"我看向绳子，是乌黑的、柔软的，我知道那是什么，鼻尖有些酸涩还没做出反应，门就被霸道地撞开了。"在那里！"派姐姐把我抱在怀里，从窗户那里下去了。

她拉着我，奔向远方，奔向天空与大海的交界之处，去追寻希望与自由。

我们甩掉了那些卫兵，我与她漫步在森林中，前往沙滩的路上，我们曾互相问过，是否后悔过，但答案永远都是"从未"，追随自由与希望，我与派克赛斯姐姐前往属于我们自己的童话故事中的幸福美好的远方。

指导教师：徐　甄

患　者

◎初三 2 班　卫雨佳

　　北延精神病院的地上坐着新来的病人，他大喊着"我没病"。

　　陶医生笑了下说："我告诉你，没有病人说自己有病，你带他办理一下入院手续吧。还有，你的试用期快到了，马上就可以转正了。"

　　"好。"说罢我伸手去拉坐在地上的他，他死死抓住了我的胳膊。

　　"先生，告诉那个要把我关起来的疯子，我没病，病的是你们，是所有人！你看看他的脸，脏死了，有那么多钱，那么多，那么多。"

　　我看了看陶医生白净的脸，露出了一丝慌张："他又在胡言乱语了，别磨叽，快去办手续。"他脸上什么都没有。

　　"先生，你的脸也慢慢变脏了，疯了！都疯了！随便你们吧，我没病就是没病！"

　　"请你别再胡言乱语了，我带你去病房。"

　　说真的，工作这几个月，他和其他病人相比，的确显得正常。我倒是在想他说陶医生脸上脏，还有什么……钱之类的，倒像是真看见什么似的。算了，疯子嘛。

…………

"喂，吃饭了，起来。快点儿吃，陶医生要见你。"

"是吗，我真是荣幸。"

我不知为什么，感觉事情不太对，自从实习生们来了后，陶医生从不会亲自见患者。我默默跟上去，在门关起来后听着里面二人的谈话。

"我说你这个病不简单啊，说说，你都能看见什么？"

"你脸上真脏，你到底收了多少患者家属的钱?！没救了，没救了……"

"你还挺厉害，我告诉你，我真就收了。你不过是个疯子，你能拿我怎么样……"

这些都被门外的我听得一清二楚。我录下来了，想向上级举报。他的声音歇斯底里，我从没见过陶医生如此说话，仿佛我从未认识过他。可我看着手中的录音，犹豫了，我马上就可以转正了，值得吗？

门开了，我慌张地收起手机，挤出一个微笑。

"先生，你大可以删掉它。"

"等等，你看得到?！"

他没再跟我说下去，点点头。我看着他离去的背影，我在想什么呢？到底病的是他，还是我们呢……

我回到家，疲惫地脱下外套扔在沙发上，拿起手机反复反复听着那段录音。关掉手机，又打开。

搜索栏上写着：举报……奖励多少？

一个月后，我顺利转了正，再没见过陶医生。他的病房上写着：103 号精神分裂症，思维紊乱，妄想。

指导教师：徐　甄

来自遥远的长信宫灯

◎高一1班　王含月

1968 年，墓穴外的土一点点松动，震动频频传来，在此沉睡了多年的我慢慢地苏醒，外面的声音一点点变大，清晰地传进我的耳郭，随着越来越剧烈的震动，倏忽间墓穴被打开，强烈的光亮射进来，一群穿着怪异的人探出脑袋，瞧着我。至此，沉睡两千多年的我，今天苏醒了。正式介绍一下，我是长信宫灯，这次带你看看我的故事。

在距今两千多年的汉代，我中空的轮廓被一位工匠用铜细细地打造出来，我看着他熟练地拿起一根棍子，将金和汞融合的液体涂在我的表面，随后阵阵高温袭来，我感到一阵剧烈的疼痛，在我疼得撕心裂肺之时，汞不见了，金紧附在我的表面，给我披上了一件金色外衣，熠熠生辉，雍容华贵。这技艺如此高超，工匠技术行云流水，我无比赞叹佩服。至此我就正式地登场。如此高贵的我必须以最美的面貌示人，将我和灯的优点完美融合，于是我亭亭站立，左手携灯，与三两好友谈话说笑，又正身端坐右手执灯，铺开小卷细细品读。我变换着婀娜的身姿，上下提灯……

·153·

姿势且由我细细斟酌，现在请大家聚焦到我手中的亮点——长信宫灯。我手中托起的是灯座，灯盘位于灯座上方，中心的灯扦用于插灯烛，两片弧形平板环绕嵌入灯盘凹槽，形成灯罩。还可以将其中一片左右推动，方便我调节光照亮度和方向，这设计如此精妙细致，使我更加叹服。

使用时，工匠还考虑到烟雾灰烬会四处弥漫，给我带来污染和不便，影响我的美貌。于是我们苦思冥想，此时我举灯疲累，欲抬手拭去汗珠，恰袖口接入灯座底部，烟雾顺势徐徐流入，从底部排出，同时也保护了环境，我们一拍即合，我就保持这个姿势。我双膝跪坐，身着汉服长衫，衣冠整齐，右手高举执灯，左手低垂，宽大袖口顺势垂落；端庄正坐，温柔恭谨地注视前方，这样既给世人留下恬静优雅的印象，又展示出这盏灯的魅力。

我就这样在自我欣赏中被工匠送到阳信长公主宫内，长公主也是对我赞不绝口。节庆时，她照习俗互送礼品，于是割爱将我赠予窦太后。可我却不得窦太后欢喜，被转赠窦绾。窦绾下葬时带我作为陪葬，我由此长眠。

再次苏醒后，我的价值被今人发现，被称赞为"集科学性、艺术性、实用性于一身"辗转展出于各大博物馆，拥有"中华第一灯"的美誉。我生长在燕赵大地，出生地是河北满城，和我一起出土的伙伴都对我十分羡慕。在河北博物院中，我受后人的瞻仰和喜爱。我也作为燕赵大地历史的见证，看着这里一步步地改革发展，我不禁赞叹燕赵大地的儿女，胸怀宽广而又博爱，兼容并包，积极上进，祝愿燕赵未来更加蓬勃发展、前途光明。

　　我如今在河北博物院中展屏上，在漫长的寂静里，陈述历史，默默伫立。当你深深地凝视着我，刹那间，会不会听到汉朝悠悠长歌？

指导教师：王伟雄

遗　忘

◎2014 级高二 9 班　傅天童

佳佳有一个独特的爱好，就是趴在沙发上看鞋柜上的鞋。

爸爸一共三双鞋：皮鞋、运动鞋、布鞋。上班的时候穿皮鞋，晨练和出去玩的时候穿运动鞋，布鞋听说是奶奶做的，爸爸很少穿布鞋。妈妈的鞋很多，佳佳数着数着就不记得数到第几双了，索性再也不去数。妈妈几乎不在三天之内穿同样的鞋。

佳佳会从鞋上发现许多有趣的东西：今天爸爸的鞋上多了几个泥点，准又去工地上视察去了，妈妈的鞋底边上沾着一小片绿叶，一定是从超市回来的时候忘记擦了。佳佳就从这些无足轻重的细节中捕捉着爸爸妈妈一天天里的点点滴滴，之后声音洪亮地在爸妈怀里汇报她的大发现。

渐渐地爸妈抱不动佳佳了，佳佳要上小学了。佳佳看鞋的时候会被爸爸妈妈乐呵呵地拍拍脑袋："都这么大了，小时候的毛病还改不了。"这时候佳佳依然不改变姿势趴在沙发上，头也不回地研究爸妈的一天。

小孩子的时间总是过得特别快。一转眼佳佳趴在沙发上时爸妈已经没有地方坐下了，而原先的塑料鞋柜早就换成了木头的，原先凹凸不平的木地板早就被能映出人影的瓷砖取代，而佳佳也面无表情地在日记本上无数次写下"我有一个幸福温暖的家庭……"后被重点中学录取了。这时候她只在每次进门时匆匆扫一眼像几年前一样摆放整齐的鞋，之后便回到屋子里完成课业。仅仅在这些匆匆的一瞥中，佳佳发现妈妈的鞋逐渐比爸爸的鞋少了，而佳佳没有在意的是，爸爸那双布鞋已经不知道放到哪里去了。

令佳佳忽视遗失的布鞋的是另外一些消失的事物：妈妈的鞋。

妈妈的鞋不知怎么在记忆中一个模糊的傍晚全部消失了，对于那个傍晚佳佳只记得妈妈像小时候一样摸了摸佳佳的头说："妈妈会回来看你的。"之后她的身影便像秋天的大雁一样，融化在了昏黄的夕阳里。

佳佳感觉爸爸脑海里的妈妈和鞋子一起消失得无影无踪，他的鞋子还是越来越多，旧的被新的抹去了存在的痕迹。就在佳佳快忘记妈妈到底是两天还是三天换一次鞋的时候，家里的鞋柜边出现了一双双细高跟鞋，起先是两三天，后来每天的尺码和颜色都不一样。爸爸刚开始还会笑眯眯地让佳佳管那些和鞋子一样妩媚的主人叫阿姨，后来干脆连介绍的环节都略去了。而刚开始每天佳佳回家还会饶有兴趣地观察新来的鞋子，猜测是一个怎样的阿姨；后来鞋子变得越来越快，快得连佳佳都没有兴趣去看了。

就在一个个被透不过气的黑暗笼罩的灯下，佳佳为了抗拒隔壁的喧闹而关闭了听觉。很多时候她会掐断屋里的一切光源，蹲坐在一片黑暗里想象妈妈的归来。然而一个个春天和一群群大雁被无声的浪潮冲向世界的另一端，关于妈妈归来的诺言就像满嘴谎言的星星再也没有出现。在逐渐遗忘妈妈的同时佳佳感觉世界在她无力触及的地方渐行渐远，而那所谓的世界包括爸爸和那些摆脱不掉的新鞋。反过来说，她先被妈妈遗忘了，又被爸爸遗忘了，这样说来遗忘她的是整个家庭。现在在佳佳眼里一切关于曾经的词语都是美好的意思，那里有童话和海洋般的花儿，以及妈妈鞋底旁边怜悯的菜叶和爸爸皮鞋上活泼的泥印，它们在佳佳密不透风的梦境里歌唱着遗忘，日复一日。

可佳佳哭不出来，于是跟着它们一起歌唱，在梦里梦外的虚幻中卑微地找寻着幸福。

而她不知道也并不关心的是，她注定会忘掉她自己，终有一天。

忘掉自己的先兆便是回忆自己尚未开始的一生。佳佳双目呆滞地想：在她的生命里，从未有过爱情，也没有一息尚存的亲情。她的消瘦在一张一张撕掉爸爸留在鞋柜上供她吃饭的纸后日益猖狂，她的遗忘以现在为起点在她白色纸花般的人生上日益扩散。在她的眼中，爸爸的鞋总是那么多，而家里也只有她一个人，忘记了开始和结局就像地上杂乱无章的鞋子。用来看鞋子的沙发不知什么时候已经被几张破旧的钞票赎去了灵魂，而以沙发为起点的回忆就在朦胧中戛然而止。

也许一切都在那个午后结束和开始，那是妈妈即将离去的午后。佳佳奔跑在回家的路上，一声刺耳的刹车让佳佳切身体会到了天空化不开的疼痛。她和她的眉眼一齐融化在夕阳里。

举目无亲。

指导教师：边　一

远　方

◎2014 级 高三 18 班　刘泽葭

　　我神色哀戚，又有几分安然，仿佛所有的苦都到了尽头，终于要告别由 0 和 1 引发的千篇一律的情绪，视线黯淡了，像光在熄灭，只能看见人们嘴唇的翕动，所有的色彩和形状都失去了根据，形成深深的凹陷，然后消失殆尽。

　　公元 5001 年，迸裂。

　　我在死亡中迷失，我总觉得这颗心不是我的，我慢慢跨过生与死的边界，走向了第三次死亡。我的死亡日期被定在了后天早上。轰——轰——一辆反重力离子喷射型车卷着脏得掉渣的气流开动了，载着一车残肢断臂般的破铜烂铁，还有几颗生动的头颅，眼窝里分明有一团团蛆在蠕动，车扬长而去。我脑中如同盛满沸腾的糨糊，体内只剩下齿轮咬合、引擎震荡的绝响。我给我早已不灵光的关节上好机油，准备去看看过两天即将奔赴的刑场。

　　不知这一次，是离别，还是重逢。

　　公元 2399 年，碾压。

　　"这可真冷啊!"南极的冷空气像针扎一样刺人，我的鼻涕流得像一根挂面，"以后就不会了。""什么？""没事。"他从口袋里掏出一支孟菲斯狠狠咬住，并卸下一只镜片摆弄着，"我现在的生活像个流氓一样。"我默不作声，只管感受着雪地泥泞，粘人鞋跟。一条讯息！我点头，又摇头，然后沉默，手发抖。"写了什么？""一串代码。"我大脑中呼地刮过一阵冰冷的风，摧毁感觉，也碾压情绪以及湍流奔腾的思想。那支孟菲斯终于慢悠悠地升起了一缕烟，他把透光镜往衣服上蹭了蹭，揣回了口袋，"小丫头，资源只能给有限的人使用。"被冷藏起来，换上芯片，再解封，能像一块"速冻猪肉"一样已经是三生有幸了。我可以思考绝世空前的难题！我已经成为旷古洪荒中无人比肩的胜利者！我简直忍不住哈哈大笑起来，我做着夸张的表情，表情而已。已经开始了，有什么正在飞速运转着，正在极力代替我的感觉，代替我的愉悦与悲伤，以及那些内心里无所遁形的蠢动。

那个声音笑了起来，消失在了宇宙的尽头，耳边只剩下一阵风在呼啸。他以为的那一场美妙的湮灭，实或是"生命所不能承受之轻"。

公元 2016 年，喧嚣。

有时，真不知人类是聪明还是愚蠢。荫荫夏木，嗒嗒嗒……嗒嗒嗒……啄木鸟如愿以偿地叼到了一只虫，并带着饱满的喜悦拍动着翅膀；荫荫夏木，听说在夜晚也捎带着星光婀娜的温柔，嗒嗒。一股烧焦的羽毛气味扑面而来，啄木鸟就这么永远地定格在这里，就这么永远地留在这里——心有不甘。那只鸟是我，树不懂。树说："我没有生命，我就是永恒。"科技爆炸，大国压制，开拓者们摩拳擦掌地比试着谁能先一步踏进"永恒"的匆匆浊流，人类即将到达此行的巅峰。

天，黑了，忧伤像猫一样。

我行走在时空的深渊里，看到凡·高画中的男人滔滔的一生，看到老女人的风情万种带上了隽永的意味，我开始思索我在宇宙的初来乍到，第一次感受光和热，第一次嗅到生老病死的五味杂陈，在我的第一次生命里，我写下：

> 望一切有玫瑰色血肉的呼喊，
> 都成为渐次高亢的鸣唱。
> 望周遭浮沉也不辜负平行时空的自己，
> 来路无可眷恋，
> 值得期待的只有远方。

指导教师：边　一

等

◎高一6班　黄培诚

10月1日那天，我一早来到了长安街，来看升国旗。

首都的初秋颇有点儿冷，我拉紧衣服，抱紧那个盒子，长安街的路灯明亮，我能看到站岗的武警战士，闪闪发光的帽徽。可能是因为我一直盯着他看的缘故吧，还是他注意到了我手中的小盒子，他便转身面向我，向我敬了个礼。灯光下，我看着他英俊的面容，有二十多岁的样子。

东方露出了鱼肚白，旭日害羞地躲在高楼后，天安门国旗护卫队的战士们已身披戎装从城门中步步踏来，我手中的盒子也跟着发烫。

我今年二十八，单身，奇怪吗？对于孩子来说这个年龄还单身，也许有些奇怪。有人已经从我的人生中走过，我不忍心。

我不见他，已有五年多了。他和我从小认识，这也许是青梅竹马吧，我与他从国企大院到小学、初中、高中都在一起，从来未分离过。高考后，我被首都的大学录取，他被军校录取了。也是在秋天，我送他去坐开往部队的火车，他和其他新兵排队上车，我在队旁看着他。连长似乎明白了我的意思，便让他过来陪我，只有十分钟。他抱住了我，比往常都要紧，他的手指抚摩着我的发丝，就这样沉默了几分钟，他拉着我的手，他说他走了，自己一个人好好生活，等着他回来找我。我答应了他，他吻了我，他跑到了车门下，转身向我敬出一个标准的军礼，他脸上的稚气衬着胸前的大红花，霎时，我不知我该做什么，只是向他招了招手，让他快上车。后来他的战友告诉我在车上他竟落了泪。车开动了，他走了，我独自一人在月台上，秋风徐徐，寒意阵阵，心中有些空虚，刚才还没这么冷呢。我得等他。

第二年，我读大二，他回来了。穿着军装站在校门口等我，我花了半个小时才从教室走到校门口，他变黑了，也变瘦了，目光变了，变得阳光而锐利，那仿佛是他，好像又不是他，我带他进了校园。我们的吻在宿舍楼前让我的室友们看了正着，以至于她们以后一个月都没理我。他成绩优异，第一年就提了干，我带他到食堂，好好庆祝庆祝。就这样他又走了，我继续等他。

第四年，我读大四，他回来了，他军校毕业了，那年暑假，他带我绕着北京城转了一圈。我问他，毕业去哪儿当兵啊，他说他已经申请去西藏边防连了，明年一定能通过。我不同意，我任了性，我落了泪，他也低下了头。我问我们的未来呢？他说一定不会差的，就这样他又走了。我会等他。

第五年，我读研了，他回来了，这是他去边疆前最后一次来陪我了，还是10月，一个傍晚，他带我去了天安门，我们手挽手走在长安街上，大街灯火通明，人却不多，我们走到广场入口，停下了。一旁的哨兵看到了军官向他行了注目礼，他立刻回了个军礼，他们看着他，看到了责任，一个镇守边关，一个守卫首都。秋风又吹来了，我怕冷，咳嗽了几下，他连忙把他部队上配发的围巾解下给我围上，捧起我的手用嘴哈气给我取暖，又解开大衣把我揽入怀中，他的暖暖的气息，让我瞬间温暖了起来，我的头贴在他坚硬的胸膛上，戎装之下是一颗赤诚之心在强有力跳动着。手指拂动着我的头发，温热湿润的嘴唇吻着我的额头，我们就像立于春日的暖阳之下。他说他在北京买了房，到时候过一年他就申请回北京工作，然后跟我在一起，我必须等他。

但，这一次，我却没等到他。

皑皑白雪上，西南边疆的早晨尤其宁静，一串脚印踏过，敌人越了过来。他与连长和其他四名战士前去交涉，但是……战士们追上来猛击着敌人，敌人逃窜了，战士们这才发现奄奄一息的他，他的兵哭了，战士问他还有什么嘱托的，他勉强哼了几句，但有一个名字掷地有声。血液流动放慢，冰晶凝固；绯红纤薄的皮肤下，血管安静下来，热血冷却下来，嘴唇由红变紫，最后凝为黑色；生命一寸一寸地流走，意识逐渐模糊，疼痛消逝，身体正如风沙般逬散，嘴角凝着笑意。

然后，我只等到了一个盒子，一个上面写着我和他名字的房产证、一个光荣家属的锦旗和一笔慰问金，但我宁可不要这些，它们对于他这个人就是无用的灰土。我落下眼泪，泪珠滴在盒子上，边疆上的尘土跟着这滴泪落下，滴在祖国心脏的土地上，痛苦在苍凉和温暖间到了极点。

我应该不会再同意任何男生，就算别人催我。我心中已容不下别人，他在我人生中走过的足迹充满了我的心，所以我只容他一人从我心上走过。

国旗护卫队的战士们跨过长安街，走到旗杆前，国歌响起，国旗也在壮丽的国歌声中升起，战士们敬礼，将最崇高的敬意献给国旗。一个敬礼的身影中，我仿佛看到了，看到了他，身挨界碑，手握钢枪，在冰雪之上高傲地屹立着……

指导教师：蔺晓轩

己所不欲，勿施于人

◎2014 级高三 17 班　关广威

第　一　幕

出场人物：老村委会主任高敬田、老村委会主任老伴儿田春姨、村民李康贵、村民白文吉、高主任小孙子昊昊

秋雨连绵，白文吉家刚收的棉花被泡了近一半。这天一大早，天又阴了下来。

（老主任高敬田家，李康贵、白文吉上）

李（笑眯眯）高主任，忙呢？

高　忙什么啊，这不刚退休嘛！

李　高主任退休威信还在啊。

高　哪里哪里……二位，快坐。

李　不坐了，就一点儿小事，还希望主任帮忙啊。

高　啥事？

（白文吉转身要走，结果被李拉住）

李　文吉家刚下来的棉花，老天爷不给情面，下雨给泡了不少，不过棉花卖相还不错，您看高主任能不能收走，您见得

多，肯定能卖得多。

高 康贵啊，去年你就卖给俺不少潮的棉花，俺找了五家棉纺厂才有人收，里外里俺还赔了两千块钱，今年再买……俺家小孙子上学还要学费哩！

李 您说，主任，不是说有困难就找您吗？您咋不帮忙了呢？

高 你要是说让俺找个买家，俺兴许可以。可卖给俺……

（田春姨上）

田 康贵，你那些棉花没人想要哩，你不想要为什么卖给俺？

昊 老师说："己所不欲，勿施于人。"伯伯，你们不能这样。

李（脸通红）嗯，行吧，就这样啦，明天过晌我就过来。

第 二 幕

出场人物：高敬田、村干部老宋

（村委办公室）

高 宋主任，还在工作哩，我这可留下一摊子事，真是麻烦你了！

宋（起身倒水）高主任这是什么话？您是老领导，以后工作还得您多指导。（看向高）您这是有什么事？

高 俺就是一个老农，有点儿事想麻烦你。俺就长话短说：村里康贵和文吉家有不想要的棉花，非卖给俺，俺去年已经因为这事赔了钱，今年……俺不好拒绝。

宋　原来是这样，没事，我给你想办法。

高（激动地站起来，伸出手）太感谢宋主任了！

第 三 幕

出场人物：村干部老宋、村民李康贵

（李康贵家）

李　宋主任来怎么也不说一声，嘿嘿，宋主任，你有事吗？要不来里屋吃饭？

宋　不用了，我来看看。今年收成不错吧？

李（惊讶地看了一眼宋）啊……不错……

宋　都能卖出去吗？

李（汗涔涔）差……不多。

宋　我看西头的湿棉花，也要卖？

李（站起来向窗外看，沉默）主任，你是知道我要卖湿棉花的事了吧！

宋（站起来）康贵叔，我作为晚辈觉得不合适啊！

李（掏出一根烟，没点着，重重地摔在地上）他是老村长，他办法多。

宋　孔子说："己所不欲，勿施于人。"圣人这样说，我们老百姓怎么不该听呢？

李（脚踩在地上）那俺白白扔了？

宋　国家有这样的保障，怎么会让农民赔了？

李（握住宋）真的？

宋　现在国家努力搞农村振兴，政策可好啦。国家对咱可关照呢。你这种情况，一定是有补偿的。

李（拍大腿）真太好了，国家真想着俺们。咱一个老农啥都不懂，可钻了小心眼儿了。啥都甭说了，明天中午你和高主任都来吃顿饭，俺给高主任当面道歉哈。

宋（笑着）行，好的。康贵叔以后可记得这句话：己所不欲，勿施于人。

指导教师：边　一

诗 歌 篇

引　言

　　中国，历史悠久，地域辽阔，文化昌盛，是一个名副其实的诗的国度，祖先为我们留下了一大笔丰富的诗歌遗产。从遥远的先秦，一直到现代，一部悠悠中国史，也是一部诗歌发展的历史。几乎没有哪一个时代能离开诗歌，无论是书信，还是为文，或者作画，以至于小说中，诗歌的影子随处可见。王勃的《滕王阁序》里有诗"阁中帝子今何在，槛外长江空自流"；曹雪芹《红楼梦》里有诗"满纸荒唐言，一把辛酸泪。都云作者痴，谁解其中味"；惠崇和尚的画上有诗"蒌蒿满地芦芽短，正是河豚欲上时"……如迷忽觉，如梦忽醒，这就是诗歌带给人们心灵的感悟。诗歌，就是一段激荡的历史；诗歌，就是一段华美的乐章；诗歌，就是一幅绚烂的画卷；诗歌，就是一种历千古而不朽的中华精神。

培根说："读史使人明智，读诗使人灵秀。"事实确实如此。有诗歌的生活，是美好的，也是幸运的。而世间诸多美好大多与自然息息相关。热爱自然的人是幸运的人，相信我和我的学生也都是幸运的人。本卷收录了孩子们以春为主要写作素材而创作的诗歌，经过我们师生的共同努力，终于与大家见面了。此刻的心情，不言而喻。从最初引导学生写诗句，再到他们跃跃欲试写出稍微成型的诗歌，再到逐字逐句地修改，直到最后收录编辑准备出版，每一步虽是微小的集合，却都充满着浓浓的趣味和超强的幸福感，每一首诗都像是一片初生的叶子，鲜嫩而美好。指导学生写诗的过程，无疑是一场诗意盎然的心灵之旅。在这个过程中，我感受着学生的成长与蜕变，与他们共同探索诗歌的无限魅力。

这些诗歌既是青春之声，也是自然之歌。换言之，它们是一颗颗向善向美的心与自然邂逅的美好产物，稚嫩纯真，希望这些小诗人们的诗歌能带领读者踏上一场心灵的旅途，感受诗歌的魅力。

新年燃烧着青春

◎初三 1 班　袁雨荨

新年的来临

寒风的凛冽

春意已萌发

迎春花

开放在火红的太阳下

白云

衔来温暖的思念

为我们带来了新年的祝福语

多少个春夏秋冬

多少年季节轮回

蜡烛

燃烧着亮丽的生命

你用心铸就了心灵的港湾

一束人类文明的花朵

在这里绽放

荣耀的教师

辛勤的园丁

飞腾的校园

你用青春赞美知识的芬芳

你用激情书写爱的篇章

青春无悔

燃烧着新的希望

这块神奇的土地

播种着大地的期待

这儿美丽的校园

凝结着开拓者的汗水

新年燃烧着青春

指导教师：徐　甄

青春恰似火，扬帆正当时

◎初一1班　王梓薇

青春如美酒，细细品尝，

要在已知的结局上创下存在，

即使美酒入肚，

也回味无穷。

青春如美梦，

要在那平凡的夜里留下踪迹，

即使美梦消散，

也保留价值。

太阳落了一半，

云层还嵌着金色的边，

被稀释过的云层又薄又亮。

我骑着车，

路过了千山万水，

路过的袅袅炊烟，

去了许多城市，

走过许多小路，

我尝试着追上青春，

我追着青春，
青春也在追着我，
她其实早已埋没在无人得知的地方，
没有痛苦，没有烦恼，
没有欢声，没有笑语。
少年就是少年，
看春风不愁，
看夏蝉不烦，
看秋风不悲，
看冬雪不叹，
看不公勇于面对。
你问为什么？
只因他们是少年。

青春悄无声息地从我耳旁刮过，
从我身旁走过，
没有踪迹，也没有声音。
我尝试拼凑整个青春，
但已经被遗忘在了记忆的海洋里，
我翻找儿时的日记，
一篇一页上记录着枯燥的事情。
枯黄的纸页上，

记录的不是记忆，

记录的不是事件，

记录的是我青春的道路。

有人见过青春吗？

你不曾见过，

我也没有，

当学生时代进行时，

青春正好从那里经过。

在人生的旅途中，

我终将和曾经告别，

也终将和回忆告别。

但请在离开之前，

让我们重新认识一下，

"你好，青春！"

指导教师：徐　甄

新　春

◎初一1班　李梓钰

新春是那一列列的火车。
它载满了人们的渴望，
驶向了四面八方，
让大家欢聚一堂！

新春是那一串串的鞭炮。
它点燃了人们的斗志，
奏响了新年的乐章，
让大家喜气洋洋！

新春是那一个个的灯笼。
它照亮了人们的未来，
挂起了新年的希望，
让大家心花怒放！

新春是那一盏盏的孔明灯。

它点亮了人们的祝福，

升起了新年的愿望，

让大家追逐梦想！

新春，是我们的新起点。

让我们站在这个起点上，逐梦远航！

指导教师：徐　甄

青 春 之 歌

◎初三1班　赵淳墨

青春时期的我们，

像一首诗，

一首品不尽的诗；

青春像春天，

是一年四季的开头；

青春像首歌，

唱出我们的成长；

青春像一团火，

燃烧出我们的热血；

青春像一朵花，

绽放出我们的风姿；

青春像一双翅膀，

飞向宽阔的天空；

青春像一轮月亮，

洁白、纯洁的代表；

青春像一本书，

遨游知识的海洋。

青春其实是一种心态。

指导教师：徐　甄

过往青春

◎初三1班　窦诗曼

风起风落，岁月如歌；

蝉鸣喧嚣，耀眼骄阳；

热情夏天，挥洒汗水；

放肆大笑，无忧无虑；

六年时光，一晃而过；

故事继续，你们还在？

指导教师：徐　甄

关于未来的宣言

◎初三1班　刘若彤

我要给未来一个名字
它叫作相信
相信自己的能力
相信周围善良的人

给未来一双画笔
画出梦想的蓝图
我可以做成一切我想做的事
因为我相信

我不必去害怕困难
因为困难给了我成长的空间
去克服他们
让自己的心变得坚定

我不必去害怕平庸

因为平庸给了我改变的条件

烦琐的小事

以及那不会被轻易消磨的热情

要做一个积极向上的人

勇敢面对一切事物

眼睛永远向前

不去抱怨环境

我要去释放我的活力

在生活里

每一件事情中

当每个人都看到了我的笑容

我也就做成了我想做的事情

指导教师：徐　甄

百 口 莫 辩

◎初三 2 班　李雨泽

我眼底起了一层雾，
还想着为什么看不清楚，
好像这世间悲苦，
在长眠那一刻结束。
我还是看不清楚，
只听见他们在亵渎，
说我无论怎样都不幸福，
可我一个字都吐不出。
无数只手把我禁锢，
到底是什么把我困住，
流言蜚语把好人迷住，
旁观者在一边踱步。
黑烟笼罩着薄暮，
流浪者误入迷途。
老天啊，
你来看我的苦楚。

指导教师：徐　甄

青　春

◎初三2班　张露杨

它是一株小草，

它彰显着蓬勃的生命力，

告诉我要勇往直前。

它是一个小姑娘，

她仿佛准备好了一样，

悄然来到我的身边。

它是一位画家，

他勾勒出了我想象中的美景，

预示着我有美好的每一天。

它是一个强壮的年轻人，

他有使不完的力气，

让我知道了永不言败的精神，

是一位攀登者，

他朝着自己的目标一点儿一点儿靠近，

我应该对自己的目标坚持不懈地去努力。

如果说人生是绚丽多彩的，

那么青春一定是最美丽的、最绚丽的。

指导教师：徐　甄

新 春 欢 歌

◎初三2班　林凡渝

春节到，人欢笑，贴窗花，放鞭炮，
家家团圆乐陶陶，
新的一年开始了！

旧岁除，立春到，冬奥会开幕了，
体育健儿身体好。
中国队勇夺金，
下面喜报一条条！

辞旧岁，立春到，
新的学期开始了。
班级，争前十；
年级，进五十；
这是我的新目标！

指导教师：徐　甄

寻 找 青 春

◎初三 2 班　赵旺坤

青春，如流水，一去不复返，

但青春，是美好的，

仿佛五彩缤纷的画笔，书写这年华的篇章。

青春，如阳光，温暖着心灵，

但青春，又是残酷的，

这美好的生活，需要我们自己用汗水打造。

我曾迷茫于这青春之海，找不到成功的彼岸。

也曾虚度着这光阴，留下了太多的遗憾，

感叹青春流逝之快，

却没有发现自己在慢慢地成长。

我问风，问天，问大地。

到底怎样才能不虚度这青春？

却没有听到半点儿回响。

啊，我知道了，

青春需要默默付出，

需要用热血和汗水铺路。

需要努力到感动自己，

但也要把青春掌握在自己的手里。

于是，我执笔写下了这花样的青春年华。

只是墨色淡了，没有写出对未来的期望。

指导教师：徐　甄

青　春

◎初三2班　杨婉彤

抛下一切装饰生命的精彩，
透着斑斓的心灵飞向梦想，
从眼睛到鼻尖再到手指，
都展露着梦幻般的壮丽景象。

读了那么多的书，
几乎日日在书海里遨游，
那么，
让我的知识来点缀青春吧。

我们的青春，
也许只是一场梦，
或许当你从睡梦中醒来后，
就什么也没有了。

青春正盛，

岁月如歌，

所以，

让我们珍惜这美好的瞬间吧！

指导教师：徐　甄

飞扬的青春

◎初三2班　张诗雨

小时候，

青春是一只小小的帆船，

我乘着小船，

漂荡在茫茫大海。

后来啊，

青春是一道五彩的彩虹，

我向大家展示着我的色彩，

闪着昨日的光辉。

上学后，

青春是一杯清爽的茶水，

苦涩中带着一丝清甜，

看着奔跑的少年，我燃起了斗志。

现在啊，

青春是一棵茁壮的大树，

备受风吹雨淋的考验，

在题海里遨游不负韶华，前程似锦。

指导教师：徐　甄

青　春

◎初三 2 班　李梓鸣

莎士比亚说过，青春是一个短暂的美梦，

当你醒来时，它早已消失得无影无踪。

雨果说，谁虚度了年华，谁的青春就将褪色。

妈妈说，青春是人生旅程中最美好，

最有激情的一段岁月。

爸爸说，青春是人生中最美的一段旋律。

我说，我们正青春！

挥斥方遒、激扬文字，只争朝夕、不负韶
　华，才是我们应有的青春写照！

人的一生只有一次青春！

作为新一代青少年的我们，要有理想，有
　担当，

为中华民族之复兴而努力拼搏！

如果说青春有颜色的话，

我想那一定是火红的中国红，

奔放而又热烈。

今日之盛世是百年前无数先辈革命者用他们
　　的青春换来的，
今天愿以吾辈之青春守护这盛世中华。
少年富则国富，少年强则国强，天高海阔，
　　中华少年意气扬！
现在，我们的青春是用来奋斗的，将来，我
　　们的青春是用来回忆的！
让我们用行动展青春之彩，书写无悔青春！

指导教师：徐　甄

青春在燃烧

◎初三2班　潘籽乐

青春，是年轻人的代名词；

青春，是永不停歇的脚步；

青春，是熊熊燃烧的火把。

赛场上，

年轻人挥洒青春汗水。

雪山下，

绿色迷彩拼命守护。

宇宙中，

年轻航天员探索奥秘。

青春是一首悠扬动听的歌，

唱着慷慨与激昂，

唱着生机与活力，

唱着梦想与希望。

我们挥洒着青春的热情，

享受着青春的美好。

少年意气风发，

燃烧青春，

让我们为青春代言，

携手奔赴未来。

指导教师：徐　甄

青　春

◎初三 2 班　王子妍

那一缕初露的晨光，
那一束天边的虹，
那些含苞怒放的花朵，
皆是青春的序章。

睁开眼，清晨的雾，
有形而无形，
朦朦胧胧的缥缈；
氤氲的雾似一层乳白色的轻纱，
云开日出便能绽放出其不意的惊喜。

感受着，燃烧的火，
浓烈而闪亮，
点缀着灿烂的星空。
熊熊的烈火像坚韧的心房，
点燃着沸腾的热血，释放热情满腔。

画一笔青春的色彩，

踏一步青春的飞扬，

绘一幅青春的篇章。

青春如蝉，慢慢生长……

指导教师：徐　甄

青春正盛，一起向未来

◎初三 4 班　梁浩嘉

金风和煦，万木葱郁，

张张洋溢着朝气的笑脸，

在二中西，

相聚，

从此，梦想在这里开启……

秋高气爽，瓜果飘香，

绿茵场上，身着军装的我们在教官的训练下，

动作整齐标准，飒爽英姿，

蜕变，悄然发生。

经过军训的洗礼，我们成为更好的自己。

运动会上，我们奋力拼搏，迎接挑战。

看，奔跑的我们，如脱缰的野马；

腾空而起的少年，如雄鹰翱翔。

亲爱的老师，为我们加油助威。

我们挥洒汗水，收获胜利的喜悦。

教室里，回响着老师谆谆教导，
老师尽情让我们展示自己的才能，
培养我们独立思考的能力，小组讨论学习，
上讲台自己当老师，说出自己的见解，
看到老师充满赞赏和鼓励的目光，
我更加坚定和自信，
虽然自己并不完美，但在您的眼中我是最棒的！

青春，是一场酸甜苦辣的旅行，
更是一部拼搏和奋斗的成长史。
无奋斗，不青春。
团结向上的我们，像迎着阳光的向日葵一样，
在这里，汲取能量和力量，
一起奔向未来……

　　　　　　　　　　　　　指导教师：戎娟丽

传　承

◎初三4班　李星蒙

妈妈说，她儿时的新年

是街上小孩儿簇新的衣裳

是空气中震耳欲聋的鼓声

爸爸说，他儿时的新年

是兜里拆散的小炮

是门口红红的灯笼

奶奶说，她儿时的新年

是头上绽放的花朵

是一身新做的衣裳

爷爷说，他儿时的新年

是门上红红的春联和福字

是一盘蘸了腊八醋的饺子

我说，我的新年是传承

门上红红的福字、桌上胖胖的饺子……

走亲访友、洒扫庭院、新衣新貌、阖家团聚

一整套中华传统年俗文化

是勤劳的中华儿女几千年的文化传承

是我

心中的信仰，脚下的力量

指导教师：戎娟丽

新　春

◎初三4班　王紫凝

虎年除夕夜，喜提压岁钱。

父母接福愿，儿女皆平安。

饺子吐出钱，幸福左右伴。

春晚迎新年，团圆阖家欢。

冬奥逢立春，健儿必夺冠。

新春新气象，万物生机现。

指导教师：戎娟丽

追逐青春理想，勇担时代重任

◎初三5班　张洁璠

又是一年新春

却已不同昨天

病毒肆意弥漫

如同一块黑布

遮住了我们的家园

为了人民的安全

为了国家的安康

为了赶走危险

那一位位青年

挺身向前

奔赴了战场

奔赴了前线

他们携着自己的理想

他们怀着赤子的爱国之心

在这最美的青春阶段

贡献了自己宝贵的生命

而那一颗颗爱国之心

最终凝聚在一起

形成一把锋利的刀

割破了那块黑布

带来了曙光

而如今的我们也是正当青春的少年

在这最美的阶段

追求着我们的理想

坚定着我们的志向

这就是我们

这就是正在发光的我们

这就是为国家富强而奋斗的我们

这就是青春的模样

指导教师：戎娟丽

雪 中 游 园

◎初三5班　张子贤

枝上梅花添一色

银装素裹满情怀

等闲游观湖边柳

婀娜多姿且丰盈

小榭亭台放歌声

不慎惊着雪钓翁

钓翁不喜洁白地

却把诗意入画中

指导教师：戎娟丽

江城子·迎春

◎2022 届高一 3 班　张　翼

昨夜天公卷裘衣，
鹅毛雪，纷飞舞。
缓启明眸，
柳絮随风起。
开窗出户轻移步，
温黄酒，披斗笠。

乍觉一阵暖风来，
不见春，春已至。
素手轻抚，
漫山杏花起。
解衣饮酒放长歌，
不惊蛰，梦不醒。

指导教师：郝雪娇

一剪梅·冬日偶得

◎2022 届高一 6 班　李佳霖

　　山环水绕映桥廊。源水流长，吾校声望。风吹叶落轻轻扬，草尖霜降，雨后花香。

　　曾经听雨歌楼上。年少疏狂，燕园梦遥。千载名扬青史上，心之所向，来日方长。

指导教师：郝雪娇

我 们

◎2022 届高一 6 班　马力文

我很渺小，

我们像一根根丝线，

在这幅巨大的锦绣上，

彼此交错，彼此相连；

我们像一颗颗明星，

在这片浩瀚的星空中，

彼此绕转，彼此闪耀；

我们像一株株绿草，

在这座蔚蓝的穹顶下，

彼此遮蔽，彼此润泽。

一根丝线再艳丽也太过单调，

一颗明星再闪耀也微不足道，

一株绿草再茁壮也孤立无援。

我很渺小，

我们却足够伟大。

指导教师：郝雪娇

时　　光

◎2022 届高一 6 班　杨依琳

似烟花掩尽天下锋芒，

清宵尚温，新月朗照千里光，

浮沉中，难绘花香，

正如轻舞流水前世相送。

似晨曦扰了陌上微凉，

旅人停步，折花沾湿素裳，

轻舟去，采薇南山，

闲来邀约对酌花丛中卧。

似清风柔吹浮云渺渺，

执手天涯，迢迢年华谁老去，

相视笑，一语道破，

恰时空破碎山川成灰。

时光拨动竖琴，

记忆勾兑尘埃，

皓月能有几轮回？

以此告少年！

指导教师：郝雪娇

念

◎2022 届高一 6 班　孟飞翔

祈祷着时间，

于此时凝结。

看你微笑的眼，

倒映这世间。

在梦醒之前。

为何？

你我相见；

奈何，

情深缘浅。

无眠，看窗外落红翩跹，

凋零了流年。

零落成泥来年再现，

岁月不返前愆难解。

曾与你欢声笑颜，

而今无告无缘如隔冰坚。

你说，往事如烟，人心易变；

我说，旧事常念，我心缠绵。

千千万万遍，

故地流连。

我愿失去一切，

若能回到从前，

即使往事重演。

指导教师：郝雪娇

青　春

◎高三5班　卢泽璇

少年的青春

是盛夏梧桐树间的蝉鸣

夹在课桌上泛黄的试卷和笔记中

青春如初春的鲜花般肆意生长

鲜花盛开在四季

青春也将随风而起　永不停歇

自习时窗外的落日余晖

放学后仲夏夜间温柔的晚风

四季更替

不变的是青春的自由和疯狂

少年揉碎了星辰

采撷了玫瑰

撒在了诗和远方的征途上

从此

青春铺满了璀璨的星光

充满了馥郁的香

指导教师：周艳永

人间烟火，温澜潮生

◎高三6班　张妍菲　郑晨曦

乡间村舍弥漫着的烟火气息，惹人心动，惹人
　　欢喜。

最爱烟火气，爱桂花糕，梅子酒的味道。

舀一勺外婆做的米醪，知了声声，月光似海洋。

烟火尘埃中一件件寻常小事，掺进人间百味。

盛夏的橘子汽水，冬季的糖炒栗子烤地瓜。

院子里晒暖夺拉尾巴的猫，外婆手中蒲扇轻摇。

风吹过，带来无数细碎的美好。

淡淡月光，朦胧树影，守着流年，岁月静好。

市井长巷，聚拢来是烟火，摊开来是人间。

城间小巷披散出的红尘往事，触人心弦，暖人
　　脾肺。

最喜饺香味，喜街角糖画，喜瑟鼓轰鸣。

眷恋亲人团圆相聚，共邀友人忆流年。

闲观万事岁月长，供灯千盏，照彻长夜，星光
　　点点，遥无边际。

伸手揽月，耳畔是阜盛烟火，心上已凛冬散尽。

神明聆听呓语，烟火炸裂须臾。

载雪为画，柔风作诗，岁月温柔，成就人间
　　悲喜。

少年奔跑恣意，嘴角已挂笑意，和光同尘，一
　　身披晴。

红烛易灭，星火难熄，蓦然回首，是万家灯火，
　　是喧嚣人间。

最有烟火气的市井里，

隐藏着人的最为本真的生活，

也承载着人们深深的眷恋，

人间烟火气，弥漫草木里。

市井于人们，是得以暂缓停靠取暖火的港湾，
　　无可替代。

丰腴厚实的香、浓淡曼妙的甜、撼人心魄的爱，

这，就是人间烟火气。

新　　春

◎初二 3 班　吕朝晖

新春是窗户上那一抹耀眼的红光，

是远在天边一颗游子想家的心。

新春到底是王安石诗里的 "爆竹声中一岁除，

　　春风送暖入屠苏"，

还是高适的 "故乡今夜思千里，霜鬓明朝又

　　一年"？

它好像无处不在，但又从未离开，

那游子寄来的梅花何在？

封面上的姓名还贴在心扉上，

不过它已成了一片枯叶，

匆匆飘向远方。

指导教师：杜海娟

青　春

◎初二 4 班　梁嘉怡

青春是一首名曲，

委婉温柔，

让人念念不忘。

青春又如潺潺流水，

清澈而且真挚，

它却又如大海的魂魄，

奔腾不息。

青春是美好的，

我们交最好的朋友，

在欢声笑语中度过。

青春好似人生最珍贵的一刹那，

它短暂，

却承载着对未来美好的期望。

在这个热烈且真挚的青春季节里，

让我们不负韶华，不负青春。

指导教师：杜海娟

青春笛思

◎2023 届初三 1 班　黄学琦

茫茫星辰连湿露，萧萧笛歌传出户。

或问谁家吹玉笛，探知十五陌人郎。

少小学得管笛成，戏曲伴得击鼍鼓。

曾住荒村身无衣，唯有废田肚中饥。

发愤图强练竹笛，初为粗食枕麻衣。

此少正得青春年，学速有成聪亦显。

名有书师闻此事，笑而点首悦青春。

青少之时应磨砺，所受伤痛终惠己。

青春似火应奋进，持恒可有冠上冕。

他练升得笛中仙，吾辈也制书圣贤。

握时珍以青春期，来之不易老叹息。

勿老方叹思年华，小时乃应追白驹。

青春之盛锦繁华，琉璃玛瑙不足道。

指导教师：杜海娟

假如我是一片雪花

◎2021 届初一 2 班　蔡雨彤

假如我是一片雪花，
洁白而又轻盈，
每当风儿吹动时，
我会飞到哪里呢？

我会飞到未落的枯叶上，
和叶子们一起睡个觉。

我会飞到河面上，
变成一滴河水奔向大海。

我会飞到孩子们的身上，
让我和他们一起玩耍。

我会飞到教室边，
变成一个雪人，

静静地聆听那琅琅的读书声。

我会飞到每个人的心里，
让整个寂寥的冬天充满生气。

假如我是一片雪花，
我还会飞到这里……

指导教师：赵　磊

我爱这校园

◎2021 届初一 4 班　李双楠

假若我是一颗星，
我也应该用小小的身体发光。

这被细雨飘洒所滋养着的土地，
这永远反射着我们的身影的小溪。
这无止息地吹拂着的清爽的风，
和那来自东方的无比温柔的黎明，
——然后我陨落了。
连灰尘也沉入土地里面。
为什么我的眼中常含笑意？
因为我对这校园爱得深沉。

指导教师：赵　磊

暮　　色

2021 届初一 6 班　庞妍妍

夜幕渐渐降临

万家亮开了灯盏

门外天空中的星星

一眨一眨的

好像诉说着天上的趣事

天上的月亮看着水中的月影

水中的月影望着天上的月亮

那朵划过天边的流星

是他们之间的约定

而那滴露珠

是他们相思的眼泪

　　　　　　　　　指导教师：赵　　磊

我心中的夜晚

◎2021 届初一 6 班　解一凡

天上的孔明灯现了，

好像无数的萤火虫在飞舞；

地上的萤火虫亮了，

好像无数的孔明灯在闪烁。

我想那墨绿的草间，

定然有奇妙的歌唱家；

音乐家演奏的乐曲，

定然是世上没有的动听。

倘若不信，请听：

油蛉在草间低唱，

像在弹奏着古典的琵琶；

纺织娘在草间鸣叫，

像在拉着低沉的大提琴。

瞧啊，萤火虫进入了梦乡，

孔明灯也闭了眼，

连油蛉和纺织娘也不忍心打扰，

就这样，夜深了。

指导教师：赵　磊

故　乡

◎2021 届初一 2 班　王钰茜

我想做一天小鹿，
在林间蹦蹦跳跳。
跑很得远很远，
却忘不了回家的路。

我想当一天小鸟，
在空中嬉闹。
飞得很高很高，
却总向着家的方向。

我想当一天柳絮，
在阳光下纷纷扬扬。

我正对着这座城市，
瞧，这是我的故乡。

指导教师：赵　磊

迎　春

◎2022 级初一 5 班　贾子璇

红梅含苞傲冬雪，玉兔捧叶喜迎春。

万事如意展宏图，财满人和齐芬芳。

指导教师：赵　磊

新　　春

◎2022 级初一 6 班　聂佳宁

旧岁已除新春来，总把杯酒迎宾到。

东风含笑爆竹响，合家共聚团圆闹。

指导教师：赵　磊

希　望

◎高三2班　王宥彤

当冬至的暖阳落在我的身上，
望着寒风中清冽的阳光。
我知道，
脚下开始萌动了春的希望。
当洁白的雪花落在麦苗身上，
看那披着棉被入睡的麦田，
我知道，
他们在蓄积麦浪的希望。
当桃花在春风中绽开笑脸，
瞧那披着彩衣的山坡，
我知道，
风中吹来了果实的希望。
当清晨的读书声在走廊回响，
望着同学们坚定的目光，
我知道，
那是我们掌握未来的希望。

指导教师：张淑青

盼　春

◎高二 2 班　李嘉昊

身似鹅毛心更洁，景似湖冰情更幽。

绿玉芭蕉情独美，万籁俱寂心甚安。

梅花一枝立其中，百丈坚冰犹笑对。

边塞凛冬覆白雪，恰似万树梨花开。

待到来日春回时，难寻已陷泥土中。

君不见，万物披白雪，恰似春来遍地花。

君不闻，白雪覆万物，好比白衣护黎民。

瘟魔肆虐扰华夏，白衣妙手除病痛。

医者仁心似雪洁，春回大地新春始。

指导教师：张淑青

青 春 之 歌

◎高三2班　张嘉诺

骄阳似火，云彩绵绵

青春火热，生机勃勃

是肆意奔跑的我们，总是不知疲倦地挥洒汗水

青春像诗，个性张扬

夜空繁星点点，晚风吹拂

青春明亮，似璀璨星河

是埋头苦读的我们，一次又一次攻克难关

青春像一本书，谱写华章

青春之花总是绚烂地绽放

青春的光芒总是冉冉升起

青春有无数色彩

让我们高唱青春赞歌

愿我们的青春，永不褪色

指导教师：张淑青

少　年

◎高三2班　张熙诺

少年是冬日的阳光

缓缓而来

不惧寒风与冰雪

挥洒云间

少年是单向的列车

声声轰鸣

不惧坎坷与崎岖

奔向前方

少年是翱翔的飞鸟

一飞冲天

不惧高空与风霜

飞向未来

少年是追梦的少年

自由热烈

一往无前

指导教师：张淑青

无 足 鸟

◎高三2班　张锦腾

从乞力马扎罗山到爱琴海
六千公里的绵绵绝径
哪里能留下我的足迹
无处寻觅

远方鼓声幽咽
轻轻地，我的泪滴落在干裂的土地上
清流滔滔，老树发了新芽
孩子们喜极而泣
"我们永远都有水喝了！"

衔一束俏玫瑰
夹在古朴的书页中
翻开褪色的那一页
流传千年的希腊神话
平添了一抹芳香

我在烈日下奔袭

在狂风中酣睡

眼前一片昏黑

下坠

坠入那夜温和的梦里

我是一只无足鸟

足迹遍地

张开喉咙，竭力宣言

在天上生，在天上死

指导教师：张淑青

忆冠军侯

◎高三1班　田　墨

云消日落马嘶鸣，赤胆骠骑斩胡廷。

长枪怒刺南侵梦，铁马身披北固情。

单于俯首求君赦，去病挥旌庆汉赢。

弱冠缠疾终作逝，苍天索命意难平。

指导教师：张淑青

光

◎高一3班　刘亚轩

我想

你是光

是希望

赋予我少年的模样

赐予我梦想的翅膀

照我于前行的路上

暗夜未央

你燃起点点星光

我独自彷徨

抬头一望

是你撑起的希望

抚平我的忧伤

浮生若梦

星河滚烫

山河无恙

是你编织的浪漫

惊艳了岁月

温柔了时光

晨光熹微

羲和既驾

是你唤醒我的轻狂

予我风华正茂

伴我笑看黎明

静听晓风浅吟

红日西坠

华灯初上

天边黄昏

我想

你是光

是我逐梦的希望

我会插上翅膀

带着少年的骁勇放荡

追随光的方向

游历山海

踏遍星河

奔赴盛夏远方

指导教师：焦瑞更

实　际　上

◎高二6班　韩子彤

实际上，

我根本没有做好16岁的准备。

我这迷茫又焦虑的16岁，

像永远都活在自我的否定中。

我一直以为我的16岁可以看山河大海，

看落日余晖。

但事实告诉我，

大多情况下，

我只能飞快穿梭在教学楼与食堂之间，

看掉落的头发与分数不成正比，

看扣分条突兀地摆在被上，

体味课间操音乐响起后拥挤的楼梯夹杂着汗水腥味。

可是我又庆幸我拥有着16岁。

我在滚烫的鹅卵石上漫步，

接受太阳的考验；

我张开双臂横躺在洁白柔软的云朵里，

感受清风的抚慰；

我笑着给天空挂上一串星星，

不至于前方的道路那么黑暗。

我在那个下着鹅毛大雪的有些清冷日光的日子里，

创造出一个憨态可掬的雪人。

我要永远浪漫无畏地

走在寻找自己的道路上。

指导教师：韩佳萍

春

◎高二6班　申皓华

冬日里，爆竹声四起，

恍然间，看春日婀娜。

亘古不变的情缘是对春的赞歌。

伴着第一股温暖的风，

春像初识舞蹈的少女，

迎着无声却动人的低吟，

翩跹着、回旋着。

仿佛在向全世界炫耀她那灵动的身姿。

瑞雪消融，萌芽犹如绿宝石般探出了头，

昂扬着的生机背后透露出一丝俏皮。

对初生的喜悦、对成长的向往，

超越了未知，默默滋润万物的心灵。

这是春的魅力，

即便在无数冰与雪摧残的轮回中，

它依旧威力不减，反而愈加强烈。

与此同时，

万物复苏，

共同沐浴春所带来的幸福与希望。

指导教师：韩佳萍

一首安静的诗

◎高二6班　刘一帆

在酒杯雀跃的泡沫中，

在春晚零点的钟声里，

我们都不约而同地又长了一岁。

有的人长出了牙齿，

有的人长出了皱纹。

少年们长出了什么呢？

少年的心中长出了骄阳，

少年的眼眸长出了希望。

我们都有且只有一次真挚而热烈的青春。

所以我要在新年伊始，

写一首安静的诗，

回赠给我滚烫的，

十六岁的，

灵魂。

指导教师：韩佳萍

新春组诗（三首）

◎2017 级高二 1 班　刘杨可儿

新春际抒怀

岁暮天阶冷锐刮，支颐倩影忆芳华。
七情暖语避方恶，九载寒窗趋欲发。
书山巍巍勤有径，学海浩浩思无涯。
更望新迎春韶景，期年折赞蟾宫花。

会盼新春集筵作

初旦疲忙胜旧宫，喜纸何曾败丹枫。
驻足庭后惊龙袍，拍掌梁前叹马灯。
射覆掷传清酒绿，分曹唤举蜡台红。
八仙饮赋今应愧，纵横经纶之新丰。

元日近

雪原未复春原茂，满蟾渐催游心躁。
独步霜林踏芳根，碎叶残枯渡思渺。

今宵遗灵朽枝老，期岁苗生初芽冒。

寄言豆蔻始愤学，大好新韶莫虚悼。

指导教师：边　一

记年十六岁

◎2017 级 高二 1 班　李诗漪

燕子呢喃梁间

东风又吹一年

也曾喜欢也曾闲

也曾深夜落泪独凭栏

年少曾许宏愿

乘春风，目长安花，拥月眠

路途行半，初心愈远

心之所向不可得

学业颓散心意懒

风起长林忽惊

战鼓响彻战旗猎

惊醒梦中人欲睡

秋意阑珊

暂把钗环除

且把甲衣穿

执笔为长剑

征战十八月夜

芳华未萌且潜藏

待到归来日

巧笑着红装

指导教师：边　一

白　昼

◎2017 级高二 4 班　郝乐行

夜在去留之间疑虑重重，
世界摆动，它在平静地变迁，
瞬间解体，
光芒将无动于衷的阴霾化作破晓。
时间跳动在我的太阳穴，
重复着血液同样顽强的音节。

黎明，
终于迈出脚尖，
微笑着暂停，
在被捕捉的白昼下行走，
步伐多么轻盈。
阳光，
同样迈出脚尖，
随着白昼的进程，
搁浅在树丛。

湛蓝的天空，在树枝上，

倚着白昼的阳光，

跟随着你，

迎面而来的天空，

将千变万化的云朵发明。

指导教师：边　一

树叶的葬礼

◎2017 级高二 4 班　齐涵悦

路边静静躺着

一片死去的树叶

风吹起它的尸体

孤苦伶仃地消影无迹

它又是在何时死去

是当枯黄的无形火焰灼烧

从边沿向叶脉侵蚀

是在凛冽风中颤抖

终于抓不住树枝掉落

还是躺在马路上

任车轮与脚步风化它柔软的身躯

直到最后一个细胞也失去活性

一片树叶在冬天死去

这片空旷寒天是它的葬礼

呜咽的风声奏响哀乐

埋葬它的是马路冷漠的沥青

树叶的葬礼

葬在冬天最凛冽的风中

葬在城市最匆忙的路上

葬在春天的等待里

我有幸目睹这一场葬礼

并不凝重，只是沉寂

来年的春天它还会回来

作为一朵花，一片云

指导教师：边　一

灯 笼 满 巷

◎高三 3 班　韩佳润

灯笼满巷，火树银花

与君共话新春愿景

漫天烟花，似星光璀璨

留下几刻芳华

街上人潮涌动，熙熙攘攘

欢声笑语，通衢越巷

愿椿萱并茂，棠棣同馨

与尔共迎这烟火人间

指导教师：王梦雅

新 旧 年

◎高三4班　王一鸣

这年过得有了滋味，未来的日子也就有了盼头

不知几许，年已不是记忆中的年

没有了门神挂壁

没有了烟花遍地

没有了敲锣打鼓

没有了欢天喜地

但是，年也是值得期盼的

盼着团圆饭

盼着亲人相见

盼着春晚的小品魔术

盼着新春的万物复苏

还有老家种的金银花新苗出土

指导教师：王梦雅

三 年 路

◎高二 3 班　梁祖豪

雾霭沉沉遮前路，昨夜星月微露，掩不住。

欲行前路，万般苦事艰难阻。

执意逐晨光，笔势如锋，纸如山。

冀原考生奔势急如电，

欲得百万群中第一冠。

指导教师：王伟雄

写 给 青 春

◎高二8班 张宇航

当夜晚蒙上月亮

当黎明罩在黑暗

我知道，青春须燃烧了

无数次淋雨奔跑

无数次暗夜呐喊

无数次幻想，无数次的无数

回头再看看，装满青春的行囊

我明白，年少的渡口会扬帆

流年渐渐漫过我的发梢

我不能挥霍，我不能虚度

流着泪水在雨中再次奔跑吧

多年后会记得一张年少面庞

在花海之中微笑

那是青春，那便是年少的我啊

在浅浅微笑

指导教师：王伟雄

青　　春

◎高二8班　汪怡宁

在这个名为青春的国度里

处处流淌着自信拼搏的音符

养精蓄锐，厚积薄发

唤醒青春的芬芳

欢欣鼓舞，奋力前行

为梦想插上翅膀

叹，天生我材必有用

赞，九万里风鹏正举

褪下孤芳自赏抑或年少轻狂

让自强不息去点缀你的盛放

聚起来一点青春气

扬起那千里快哉风

这里没有不老的少年，只有永恒的奋斗青春

指导教师：王伟雄

新　春

◎高二8班　朱宇宁

融雪渐湿瘦马蹄，东风微暖酒香村。

柴扉苔痕新绿染，幽鸟遥啼半黄昏。

杨柳轻舒黄金缕，月影初上海棠梢。

半是清醒半是梦，却见万丛水仙笑。

指导教师：王伟雄

七 言 律 诗

◎高二1班　田谨溪

元日新春入上林，山翁无语送春阴。

花开不似无心蝶，莺语还疑有意禽。

酒榼频移疑近俗，歌声渐软是知音。

残红一点轻于鬓，似觉苍苍已不禁。

指导教师：边　一

冬　春

◎2020 级高二 1 班　张彦儒

孤灯昏暗纸笺明，飞雪落砚冷墨凝。

柳絮纷兮志却定，晚云阴兮心独晴。

翠石群青黯淡处，唯有红梅融傲冰。

若破朔风奋发进，自将冬日作春迎。

指导教师：边　一

听 物 吟

◎2020 级高二 1 班　施　晴

桃林暗语叙东风，

浅草喧嚣揽月明。

待等阳春三月近，

百花叶下舞蝶蜂。

指导教师：边　一

壬寅年初春复雪有感而作

◎2020 级高二 1 班　蒋亚希

春风料峭卷云寒，石门夜阑积雪满。
灯火阑珊家家暖，车水马龙处处繁。
巡疆使者倚冬过，驻边战士盼春返。
春来复雪无冻馁，应念英雄铁甲寒！

指导教师：边　一

破阵子·西湖游船叹

◎2014 级高二 9 班　和怡然

白浪清水檐船，
枫桥丹心不见。
孤山剪影渔火明，
顾叹徽钦靖康安，
何处不可怜？

古塔不老苍天，
月影印否三潭。
可曾见水漫金山，
窈窕琵琶半遮面。
千年忘情迁！

指导教师：边　一

我是一次不被定义的青春

◎高一6班　宋昕念

人们

好久好久

一眼便忆起了我

满教室的笑脸

欢声笑语中

只有我自己悲伤

怀念

但又无法回到过去

独自守着他们之间的回忆

我憎恨我是短暂的

但我是他们回忆中

无法忘记的一幕

我是一次不被定义的青春

很短很短

但我依然痴恋着

他们离开的背影

指导教师：张文慧

沁园春·高一

◎高一 6 班　尹浩宇

独立教室，暑假北去，桌子后头。

看黑板写满，试卷尽染，笔墨乌黑，奋笔疾书。

云挂长空，青枝生长，学子高考竞排名。

怅寥廓，问光明前途，谁主沉浮？

携来初三奋学，忆往昔拼搏岁月稠。

恰同学少年，风华正茂，奋进拼搏，

指点人生，挥洒笔记，珍视后年金榜有名。

来时，将问：曾记否，到书海畅游，浪遏行舟？

指导教师：张文慧

愿青春向前

◎高一6班　杨一博

时光飞梭，转眼流逝。

俯向那清坛中的倒影，

那一副副天真稚嫩的面庞便释然了。

曾经，

学校的围墙没能挡住无知与年少轻狂。

后来，

少年的信条变成了提笔与读书，

披荆斩棘向远方。

道阻且长，行则将至。

指导教师：张文慧

新 年 祈 愿

◎高一6班 聂嘉莹

阳光再次照向屋顶

房子跨入一个新的轮回

手握一只温热的茶杯

皱巴巴的日子又被扯了扯

新的一天，新的一年

我们还会体验从未有过的旅途

也许将穿过幸福的丛林

也许将途经苦楚的沼泽

不必再执着于那些过往的人和事

不要再辜负那些手捧鲜花的人们

新旧交替的心，常怀良善

在生活里周而复始地苦读

给时光一个满意的答案

指导教师：张文慧

论 未 来

◎高一6班　聂嘉莹

校园的墙

阻断我与自由的来往

桌上的书堆得很高

我看不见黑板

更看不见虚无缥缈的未来

一阵秋风入骨

又想起家中父母

他们说

只有努力

才能让花开满前途

我终于恍悟

低头是题海

笔下有未来

指导教师：张文慧

青　春

◎高一6班　孟维依

青春是一块巧克力，
入口苦涩又回甘。
青春是一首小诗，
音律短小又急促。

指导教师：张文慧

回　忆　录

◎高一6班　郭金泽

六岁的我在窗边望向远方，

十六岁的我在纸上回忆过往；

六岁的我同伙伴嬉笑打闹，

十六岁的我与错题来来往往；

六岁的我犯错浑身倔强，

十六岁的我沉默等待表扬；

六岁的我尚有美好理想，

十六岁的我只得乱撞寻找方向；

六岁的我满脸期待自由飞翔，

十六岁的我被发现难以逃亡；

六岁的我满脸疑惑眼盯纸上，

十六岁的我完成回忆不好收场。

指导教师：张文慧

青　春

◎高一6班　牛浩丞

青春是早晨的困意

中午的更困

和晚上在寝室里的分外清醒

是充满未来的日子

也是现在的日子

终有一天会怀着骄傲

注视现在

指导教师：张文慧

不 负 韶 华

◎高一6班　毕成博

青春，一个多么可爱的名词

人们赞美它

希望它常在人间

可事实上，青春易逝

时间会刺破青春表面的彩饰

会在美人的额上掘深沟浅槽

会吃掉世之珍宝……

什么都逃不过他那横扫的镰刀

面对青春的必然流逝

我们能做的唯有珍惜，珍惜，再珍惜了……

指导教师：张文慧

喜迎新年

◎高一5班　薛佳凝

古老

而悠长悠长的钟声响去

苏醒的风，染足了欢声笑语

染到了笑声最深最深的一角

那是最先赶到的新年的行迹

这笑

恰如稚儿对红灯笼的仰头期盼

摇晃的圆脑袋，装着无声的欢喜

恰如窗子向黑夜的灯火通明

团聚的圆木桌，摆着莫名的幸福

恰如

古老而悠长悠长的钟声

卧在笑声最深最深的一角

指导教师：谷雨竹

闯

◎高一5班 王梦淼

时光慢慢走过冬日的通道
停在暖阳掩映的地方
褪色的楼墙忽然有了淡淡的颜色
沉闷的窗内撞进数点日光

我昂然走过林荫的隧道
停在阴霾以外的地方
老枯的树目送满枝的叶出走
雪呼啸着，与风相偕赴远乡

空荡的心停泊在太阳下头
等待一场蓄满温柔的风
和一支打动日光的桨

指导教师：谷雨竹

现实的幸存者

◎高二8班　张婉慈

曾记，顾山遗梦还非

我想做那梦中的少年

寻着一支长篙踏浪在云浪间游行

捧着一本我所喜爱的书在青云之下

但蓦然回首

我仍在千百万的叶下沉溺

看着每天循规蹈矩的日出日落

过着周而复始的模式化人生

现实逼着我看清这个世界，然后爱她

现实逼着我成为自己不想成为的人

现实的条条框框终究是困住了我

我打碎不了，我走不出去

那条框终成锁链束缚了我

我挣扎着看着那一条条锁链

每一条上都写着"伦理道德""世俗"

　"庸俗"

我愣愣地看了许久才发觉我终究是被现实
　　同化了
我是要悲叹这世态炎凉还是为这样的自己
　　而哭泣？
请为我哭泣吧
我该死在自由里、热爱里、冬日的白雪
　　里、辽阔的空中
而不是在朝欢暮乐的庸俗之爱中腐烂我自
　　由的灵魂
请为我哭泣吧
我应该去旅行，去热爱，去看看大千世界
　　的风光美景
而不是沉没在世俗中，死在霓虹灯下
腐蚀我的灵魂
请为我哭泣吧
我惶恐我的梦想被埋没在茫茫大雪中
曾经无往不胜的银河战舰支离破碎
我又是现实的幸存者
因为冥冥之中，有一个声音对我说：
人生海海，山山而川，不过尔尔，为自己
　　而活
是啊
玫瑰花万千，我却只想做一阵风
自由自在

指导教师：谷雨竹

· 279 ·

叶 的 归 途

◎高二 8 班　张婉慈

吹动我吧，带我去我的乌托邦，

用尽你全身的力气，别让我砸进地里。

留住我吧，我留恋树的纹理，

别花光你的力气，让我融进泥土里。

我摇曳着飘落，

风带我飞向远方，前方的点点星光未曾
　　断过。

我遇上风沙，遇上大雁，但理想的世界正
　　召唤我。

我抵过风沙，避开大雁，却看到了路的
　　尽头，失去远方。

回首望见，我仍在千百万的叶下，原来的
　　理想不忍放下。

我在地上挣扎，

我不是岁月的索引贴，我的前方是不可
　　避免的深渊；

我在深夜煎熬，

我望不见梦想的曙光，我的前方是无尽的
　旋涡。

老天赐予我黑色的眼睛，我却用它去寻找
　光明……

矛盾，冲突！

徘徊，驻足！

远方似有斑斑亮光，理想终究还是我的
　归宿。

簌簌的清风吹过，无数的叶子飘落。

我总在想，叶的飘落到底是风的追求还是
　树的不挽留？

我总在听风与风窃语，看那漫天的熠熠
　星辰，

我的心哪，终究是盏长明灯，一有风吹就
　闪动，

攻一座攻不下的城，守一个守不住的梦，

清明彻悟是自我的自知之明，却又何苦
　执迷不悟？

可每当我要随着泥土慢慢腐烂，梦想之神
　却又向我伸出手。

赤诚的大地啊，我是多么想随你而去，

神奇的命运啊，我是多么想与你画押。

我怀抱梦想与使命，望向归途。

我惊醒于无尽的黑暗，我寻着归途之向，

幽暗凄冷的沼泽啊！我自愿做你的笼中鸟，

去感受我许久未见的爱人，

挣扎！迷惘！痛苦！鲜红！

濒死前的呼救、相拥、笑语——

我的爱人被埋葬在地底。

他陷入污泥之中，用他一双热烈似火的红

　　眸凝视黑暗、存活。我与他两岸相望，

他等待着命运的抉择……

幽暗的沼泽吞噬着曙光，释放着朦胧的

　　迷雾。

我的爱根植于地下，感受着他的千丝万缕，

　　却无法触及。

他用尽全身力气，向神奇的命运祈祷，借

　　风送我到那迷人的乌托邦。

我背负爱与自由，踏上归途。

我抵达远方，盼望于星光中起舞，

我停下脚步，迷茫在熟悉的纹理间、泥土上。

自由和宿命！

这便是叶的归途吗？

　　　　　　　　　　　　　　指导教师：谷雨竹

礼

◎高二8班　付雅洵

风喧繁华满城楼

楼外萱草寒霜中

重重被雪无处寻

阵阵冬息没其容

应念春阳融融暖

冰入萱草绿意浓

无意于群比争荣

但为阳春礼

报以绿丛丛

指导教师：谷雨竹

我 看

◎高一 8 班　张琦悦

我看着，仔细地看着。

我听着，朦胧地听着。

眼前顿时出现狡诈、鄙薄的笑，

笑得真开心。

我猛地低下头。

风击打着窗户，

仿佛听到了它的呻吟。

猛地跑下楼。

在电话的另一侧。

听见了我的呻吟。

指导教师：蔺晓轩

无　　题

◎高一8班　史悦涛

秋月时节雨嘈嘈，

珠落我心已萧萧。

阴雨连天有何知？

我语无力仅叹息。

草木皆从烟雨起，

岂能风雨任平生？

此夜狂雨奈我何？

扬帆万里任雨狂。

指导教师：蔺晓轩

竹 草 吟

◎高一8班 李博康

怎奈何，日升月出，潮起潮落，

千古英才声声起，朝夕流水胜不得。

怎奈何，几度春秋，天上人间！

俯首拜倒于世俗，纵使神仙也难求。

世人皆醉我独醒，少年狂气如繁星。

傲气凌人，奈何那愁绪传千世，春风如
　　沐水自流。

立身于世，不愿俯首生生世世，秋水几尺
　　凄凄愁。

待何时走遍天涯，求得大道，再回首，
　　少年不羁仍自留。

指导教师：蔺晓轩

念 人 情

◎高一8班 李博康

繁星天布，絮絮春风，吹得零零落落愁。
回首山河故人，确是人情暖人心。

灯火遍地，微微斜阳，映得潇潇洒洒醉。
梦唤人间春生，总是心意没春愁。

指导教师：蔺晓轩

浪淘沙·窗外风萧萧

◎高一8班　李博康

窗外风萧萧，春寒料峭，暖风不睬月光寒，
落殇不知何处去，半宿贪欢。
孤身沐明月，大好河山，放任自流又何甘？
花开竹影春来兮，何必人间。

指导教师：蔺晓轩

青春·年少

◎高一8班　阴诺涵

你是指点江山的孤勇者，
"流血牺牲，自我辈始。"
繁华会落，亦称美景。
若得含苞常在，
岂在意凋零时。
五计三改，伟大跨越。
剑开天光，明日初见。
山河日月，镌刻璀璨初心；
八载春秋，铸就破晓华章。
你是风华正茂的破浪者。
故天将降大任于是人也，
于高山之巅，方见大河奔涌；
于顶峰之上，方觉长风浩荡。
花海中的少年一路向北，
从不停歇……
这才是年少青春！

指导教师：蔺晓轩

侠　客

◎高一8班　阴诺涵

舞刀弄枪挥毫墨，
义胆豪情闯江湖。
一曲长歌一盏酒，
执剑浪迹匿天涯。

指导教师：蔺晓轩

文艺评论、

时事评论篇

引　言

　　评论，是读者与作者之间跨越时空的桥梁，是心灵与智慧碰撞的火花。在本卷中，学生们以敏锐的洞察力、深刻的思考力和独到的见解，对文学作品、社会现象、历史事件等多个领域进行了广泛而深入的探讨。他们或分析作品的结构与语言，揭示其艺术魅力；或剖析社会现象的根源与影响，提出独到见解；或追溯历史事件的脉络与意义，展现历史智慧。每一篇评论都是一次心灵的对话，一次思想的交锋，它们汇聚成一股强大的力量，推动着我们对世界、对人生、对文化的认知与理解不断向前发展。

　　对于学生们而言，撰写评论的过程不仅是一次对知识的整合与运用，更是一次心灵的磨砺与成长。在这个过程中，他们需要广泛阅读、深入思考、精心构思、反复推敲，才能写出既有深度又有广度的评论文章。这种磨砺不仅锻炼了他们的写作能力、逻辑思维能力和批判性思维能力，更培养了他们的独立思考精神和勇于探索未知世界的勇气。可以说，每一篇评论都是学生成长的见证，是他们从青涩走向成熟、从迷茫走向坚定的重要标志。

这些评论作品不仅仅是对学生们个人成果的展示，更是对中华优秀文化的传承与弘扬。学生们在评论中不仅引用了大量的文学经典、历史典故和哲学思想，还结合时代背景和社会现实进行深入的分析与解读。这些评论不仅让我们感受到了中华文化的博大精深和独特魅力，更让我们看到了学生们对传统文化的热爱、尊重以及对现代社会的关注与思考。这种文化的接力与思想的传递不仅丰富了我们的精神世界，也为我们提供了更多的思考角度和启示。

读《初心》有感

◎高一3班　金路凡

（《初心》是于2017年发表的反腐题材纪实文学作品，丁捷著）

走得再久，再远，再顺利，也不要忘记来时的路，不要忘记为什么出发。

你是否获得了自己希冀的人生？时光改变了你的容颜，也考验着你的心。成为精英，必有非凡之处，同等的初始级别，公平的发展前途，偏偏他们能成为所谓的"精英"，或许，你应该问问自己，自己所缺失的是否恰恰是他们所拥有的呢？没错，那就是——初心。

在我看来，初心的意蕴就恰如薄雾冥冥的一缕微弱的光照，当你摸清了它，它就会照亮你的前程；当你悟不出它，它总会"绊"你一生。其微妙之处，朦胧模糊，却又给人惊喜。我们社会上很多人，老老少少，家家户户，形形色色的各行各业人士，无不是为了自身追求而奋斗拼搏。有争做领头羊的佼佼者，有手握雄厚资本的"行业精英"，有书生意气的少年，都有各自的初心。

初心，是自制。放眼功成名就的历史伟人、出人头地的各行业人才，没有人在成功的道路上是一帆风顺的。世人都慕其成就，殊不知，血汗泪是他们必定留下的人生道路上的积蓄物。可能有人会抱怨，为什么我付出了足够多的努力，却仍旧毫无起色，踏步不前。那么，请你仔细思考，你所理解的"足够"是哪种程度？打个比方，你一天的工作量或是训练量抑或是学习量，你所认为已经足矣，在那些站在巨人肩膀上看世界的卓越人士看来，只不过是微乎其微。所以，不要把自己想得太理想和完美，只有脚踏实地，实干苦干，少说多做，才是有起色的唯一途径。些许的进步需要竭尽全力，而一泻千里的落后，却只需些许的松懈，这就是残酷的优胜劣汰规律。

初心，即自省。当你通过自制达到了一定水平后，不要先急着向前走，不妨回头看看，看看自己一路走来的艰辛和苦累，当你忘掉现在的自己，跨越过程回看自己的时候，你会发现，这是个美妙而又痛苦的过程。你会感谢曾经的自己，用一次次失败，一次次挫折换来如今的你。同时你也会潜然泪下，想到了没有达到预期目标的遗憾，其实这更激励了你继续追寻。"温故而知新"在旧的自己中发现新的自己，不忘根本，不忘初心，沉淀过后继续远征。

敞开自己，摆脱最深处的心灵枷锁，在现实和理想的星空下摸索。不忘初心，牢记使命，抱定初心，行则将至，未来可期。

指导教师：焦瑞更

《平凡的世界》读后感

◎冯奕泽

　　著名作家路遥的小说《平凡的世界》我不知读了多少遍，每次阅读都有一种心灵上的震撼。这部小说谱写了一曲不屈不挠、荡气回肠、充满活力的生命赞歌；向人们揭示着人生自强与自信、奋斗与拼搏、挫折与追求、痛苦与欢乐；告诉人们苦难与挫折只是个躯壳，真正广阔的生活意义在于对生活所持有的虔诚与信念——相信自己。

　　少平和少安两兄弟同为黄土地的儿子，在《平凡的世界》里，他们以各自不同的方式探索着自己的人生。他们相信自己的双手可以改变命运，并在一次次苦难中得到锤炼与升华。从一个个平凡的故事中，给我们引发了一个深刻的道理，那就是我们怎么对待生活、怎样去生活及我们对生活的态度和思考……

　　苦难的确是一种不幸，他会带给我们物质上的损失或身体上的伤害，甚至精神上的打击。但换一个角度思考，苦难也是对我们精神、身体的锻炼和磨砺，只要我们有信心去面对它、战胜它，它就会转变成我们的一笔宝贵的精神财富。苦难的确是一笔财富，他时不时地让我们扪心自问："在拼搏中追求的，不单单是结果，还有奋斗的历程。""生命的意义在于能创造这过程的美好与精彩，生命的价值在于你能够镇静而又激动地欣赏着过程的美丽与悲壮。"

"路曼曼其修远兮，吾将上下而求索"，是屈原对理想的坚持；"人生自古谁无死，留取丹心照汗青"，是文天祥对命运毫不犹豫的选择；"宝剑锋从磨砺出，梅花香自苦寒来"，是诗人对艰难困苦的不惧。看当下，我们高中的路上是不是同样布满荆棘呢？而在面对荆棘的同时，我们是不是又选择了退缩？一味地退缩，只能让小小的困难更加猖狂，我们为何不能选择相信自己去面对，去攻克所有的困难？高中三年是苦的，是难的。我们唯有选择像孙少平一样相信自己，用实际行动来证明自己的人生价值，方能在这艰苦的高中三年里浴火重生。相信自己，我们就能在平凡的世界里造就不平凡的人生。

指导教师：焦瑞更

黎 明

◎高一3班　李天一

　　晨星闪闪，迎接黎明。林间，群鸟争鸣。天将破晓，东方的地平线上，渐渐透出一派红光，闪烁在碧绿的嘉陵江。湛蓝的天空，万里无云，绚丽的朝霞，放射出万道光芒。

　　小萝卜头曾经送给成岗一幅色彩鲜亮的画，叫"黎明"。

　　是啊，在渣滓洞里的每一名共产党员心中都有一个黎明。

　　成岗在敌人面前高声赞扬共产党，无视手铐和满身的刑伤；江姐被竹签钉住十指，被烙铁百般摧残也不透露党的机密；许云峰在密不透风的地窖中挣扎，为战友们手掘生命的通道……他们没有一个人透露党的秘密，没有一个人低下高贵的头，因为乌云遮不住太阳，铁牢锁不住春光。"马克思死多少年了，列宁死多少年了！""可是斯大林活着。""可是现在，我问你，除了马、恩、列、斯，还有谁！""毛泽东！"江姐说："一想到党的安全不会再受到威胁，我就不再能感受到严刑拷打的痛苦了……"江姐，这位顽强的女英雄，心中的黎明在指引着她、安抚着她。

　　没错，共产主义是他们的信仰，是他们的黎明。

那我们呢？我们正面对一场全球肆虐的疫情后的经济生活大恢复，正处于中国傲立在世界东方的发展期。不论遇到什么困难，总有一份信仰，一份你可以不断为之奋斗的黎明在我们的心中，我们总会为了它，忘记自己的伤痛。

　　黎明，始终穿梭在这本书里，穿梭在每一间闪耀的竹签门，穿梭在每一颗赤红的心中。

　　他们终会见到他们的黎明。

指导教师：焦瑞更

乡土中国的今天

◎高一4班　张晗玉

在如今社会城镇化率不断增长的背景下，人口的流失与生活方式的转变让乡土文化日渐淡化，那当今社会的我们，又该怎样看待乡土中国的今天呢？

回首过去，乡土习俗无人不知无人不晓，从云南的泼水节到江南的赛龙舟再到北方的吃饺子、放鞭炮等都是我国传承已久的乡土习俗，这些习俗有着各地的地域特色，既各有个性又能共同体现出中华民族的民族精神，可如今国人城市生活逐渐西化，年轻人爱过圣诞节、万圣节，乡土节日开始被人淡忘。

我们不能忘记中华文化的根，我们的日常生活应该与之结合，以符合当代国情与时代变迁。

不过乡土文化却不是全都值得延续和传播的，不乏一些背离时代潮流、腐朽落后的陋习与老一辈的一些毫无科学依据的经验是我们所要摒弃的，取其精华去其糟粕用在这里再合适不过。"老话儿说得好"这句话一定是我们常常听到的，可他一定正确吗？直到现在老人用各种所谓的偏方去治疗婴幼儿的不在少数，因此耽误医院的正规治疗从而让其落下病根的，或者在农村混得风生水起的驱鬼降魔等的封建仪式，都是我们要剔除的糟粕，对于这些我们一定要持辩证的态度看待，摒弃与社会潮流相悖的乡土陋习。

中国上下五千多年历史，从未离开过农耕，因农耕文明的需要，使得农民长期居住在一地，从居无定所到落叶归根，中国人对家的执念大多是从文字中体现出来的，前有马致远的"断肠人在天涯"，后有余光中的《乡愁》。而今漂泊四方的中华儿女谁在孤独无依的时候不想到一句"独在异乡为异客，每逢佳节倍思亲"，这都是乡土情结，如果没有乡土情结哪儿来的即使思念家乡仍愿镇守边关的战士，又从哪儿找为发展中国科技而远赴国外学习其先进技术后无怨无悔回国的华人，多少老人临死之前都会说："把我葬到故乡土地中，那是我出生长大的地方，是养育我的故土。"因此人的生老病死，似乎都和某一块土地的联系极为紧密。

在这个中华崛起的时代，我们把顽固的乡土中的恶俗去除，将不符合新中国发展的乡土习俗改进，再传承乡土文化中的优秀成分，乡土中国必能在发展中辉煌，在传承中发展。

指导教师：焦瑞更

不是所有的妖猴，都能成为斗战胜佛

——读《西游记》有感

◎高一3班　李木子

　　众所周知，《西游记》是我国四大名著之一，读完这本小说，使我受益匪浅。

　　这本书主要讲了唐僧、孙悟空、猪八戒、沙僧师徒四人历尽千辛万苦去西天取经的故事，讲述了师徒四人一步步成长蜕变的过程，孙悟空的成长尤为突出，这使我很有感触。有句话说得好："人生的道路虽然漫长，但紧要处常常只有几步。"这紧要处说的就是人生道路上突然发生转折变化的关键时刻，一般来说，人的一生成就往往就取决于这关键几步，而孙悟空，就是这几步走得很好的那个人，所以，在他的身上我学到了很多。

　　从破石而出的冥顽石猴，到大闹天宫的齐天大圣，再到最终修成正果的斗战胜佛，这一路走来，悟空靠的不仅仅是聪慧的天资和不懈的努力，更重要的是对于人生的一个个岔路口，悟空最终做出了准确的判断和明智的选择，当初那个花果山的小小石猴，一步步地实现了生命的华丽蜕变，要我说，孙悟空这一路的成功都取决于他敢为人先的勇气。第一个关键步骤就是在花果山的那一跃，那一跃打破了花果山原有的平静，他敢于提出选领袖的愿望，我们都知道跳过水帘洞实则毫无挑战，但如果那一跃不是孙悟空，而是别的猴子，故事的走向可能就完全改变了，所以，这一跃无疑是个关键的节点。第二个关键步骤则是向着茫茫大海的那尽力一撑，悟空在及时行乐和寻找仙人学法之间选择了后者，对于他来说，这需要很大的勇气与决心，但他毅然决然地撑起了船，去向远方。第三个关键步骤就是向唐僧的那深深一拜，从这一拜开始，就意味着悟空要经历千千万万个困难守护唐僧取经。

所以，很明显，不是所有的猴子都能变成猴王，也不是所有的猴王都能成为齐天大圣，更不是所有的妖猴都能成为斗战胜佛，悟空之所以能够成功，完完全全取决于他的成长以及他敢为人先的精神，这种精神与成长，值得我们学习、歌颂。

指导教师：焦瑞更

读《李白传》有感

◎高一4班　梁琼元

> 酒入豪肠，七分酿成了月光，剩下三分啸成剑气，绣口一吐就半个盛唐。
>
> ——题记

诗仙之名，流传千古。无数人追寻着那个名为"李白"的幻想，如痴如狂。可这位仙人偏不爱坐在神龛上，大概只有他知道，这一身仙骨，本也是从尘土中来的……

同他人一样，我也痴迷于那个名为"李白"的幻想。我参观过他诗中的盛世大唐，也曾在他的墓前摆供清酒，可每当匆匆转身去追寻李白身影的时候，那位在水中找月亮的先生却不见了。

我只能读其史而寻其人。

手指轻翻过书页的刹那，是他波澜壮阔的一生。于是梦回大唐，看诗化的似水流年，也看诗化的悲伤惆怅。

漫游梁宋，东去吴越，探幽燕走江南，翰林待诏，力士脱靴。傲岸不羁，剑气纵横，是他；独往江湖，对影成三，是他。他曾叹"高堂明镜悲白发，朝如青丝暮成雪"，也狂傲喊叫"天生我材必有用，千金散尽还复来"；他曾叹"抽刀断水水更流，举杯消愁愁更愁"，也淡然喊出"人生在世不称意，明朝散发弄扁舟"。

但看盛世的年华被踩碎，李白只得在罅隙里迷离。在那个时代，将士们洋洋洒洒，指点山河；文人们挥毫为雨，倾江倒海。他也持剑执笔，满怀豪情壮志，却终落得孤身独去的下场。纵情山水，失意长安。于是"天子呼来不上船，自称臣是酒中仙"那般潇洒快意，隐着郁郁不得志的悲伤，所有的狂放，都带着几分长歌当哭的味道。

诗仙之名，谈何容易？

他要先摔倒，先流血，先死去，先在尘世里仓皇狼狈地打一个滚儿，如此这般，才能得道，才能重生，才能从名利场中脱困，从而骑着白鹿，回到他的天姥山中去啊。

万世之后，这囚笼、这王朝都将化作尘土，而李白依然拥有着不灭的自由，在飞漱的庐山瀑布前，在巍巍的庐山五老峰下，在峨眉的半轮秋月里，在盈月的杯盏中——我想我曾见过李白——往事越千年，万籁俱寂后，他的笑声还在空中回响……

"他在人间流浪，带着微薄的行李和丰盛的自己，一声狂笑，半个盛唐。"李白的名字，同陈酿的美酒在一代又一代的人口中流淌，永恒浪漫，不舍昼夜。

指导教师：焦瑞更

心怀乡土，拥抱时代

◎高一4班　沈稼儒

　　什么是乡土？有人说，是黄昏下的泥泞小路，随着炊烟延伸至远方；有人说，是田野里醇厚的麦浪，沉重的犁铧。可我认为，乡土始终是令人陶醉神往的自由沼泽，是当今人们在生活压力下的逃避处。我们都有一个共同的乡土，叫中国。

　　没错，中国乡土总是充满特点的。就拿春节说，小时候回老家过年，村口两旁光秃秃的树上再次挂上大红灯笼。路上结了大块的冰，还伴着放完的鞭炮碎屑，我和两三个伙伴不听大人的劝说，在上面滑得起劲。家家户户的主人都出来拜年，笑眼弯弯说着吉祥的话，就连老人家脸上的皱纹都是慈祥阳光的。到正午，几盘热气腾腾的饺子一上桌，就又是一阵热闹。小孩子被抱着去玩，再大一点儿的孩子则跟着爷爷、爸爸贴对联、窗花，鼻子冻得通红也咧着嘴笑。围着火炉看电视的，打麻将打扑克的，每个人都很满足。而如今在城市的我，却看着、过着另一种年。电视一开，春晚任他放着，人们捧起手机，在群里抢红包，发朋友圈展示自己蒸的年糕，打视频通话拜着年。我想，在生活质量飞速发展的今天，我们的乡土情结还是一成不变啊。农村的人越来越少，大家住上了楼房，可是那浓浓的乡土味还是随处可闻。

在当今时代背景下，难免会有人提出乡土社会看不到未来出路。但乡土中国许多的传统是不容我们忽视的。乡土中国怎么变迁？我想，在文化方面，得有道德和法律的和谐，软硬并重才能不失分寸。而那些带给我们美好回忆的独特风光，可以采取的就是保护，要让乡土味和快时代和谐融合。"和谐"的意思，总是有种莫名其妙的感受——那是人与人之间、人对往事之间纯洁、美好的感情。体会那种情感，体会那种纯朴，那种和睦。在当今时代下保留乡土风味，就好像在引导一位不会使用高科技的老人，要有足够耐心，对待它们时会想起它们曾经也是自己的护盾，给过自己最解压的氛围和最精彩热闹的回忆。

乡土和未来当然是可以共存的，我们的民族是从土里、田园里长出来的，土里长出过光荣的历史，土在我们的文化中占有独特位置，从这个意义上来说，我们又何尝不该尊重乡土，保护乡土呢？正所谓，心怀乡土，拥抱时代。

指导教师：焦瑞更

评《战争与和平》

◎高一6班　刘伟松

就像屠格涅夫称这部小说为"伟大作家的伟大作品"一样，读过《战争与和平》的人都会用最伟大来形容它。人的一生总要站在最高的山峰之上，你翻山越岭，就是为了探求答案，看到最壮阔的风景，这本书可以满足你所有关于伟大的想象。孟子说"观于海者难为水，游于圣人之门者难为言"。托尔斯泰的作品中，这一部史诗般的巨作，让人叹为观止。

在罗斯托夫家里，一群年轻人正快乐地跑来，他们有爱情，有音乐，有舞蹈，有金光闪闪的理想，热情的娜塔莎，温顺的索尼娅，雄心勃勃的尼古拉，稚气未脱的彼佳，尚存诚实的鲍里斯，还有纯朴善良的皮埃尔，大声唱着歌，坦率地表达爱情，"似二陆初来俱少年"，那是俄罗斯最热烈的夏天。

可是战争来了。

尼古拉、鲍里斯和安德烈公爵都参了军，他们想要实现各自的理想。尼古拉热切地参加战斗，他向桥上的敌军冲去，就和堂吉诃德一样，不顾一切，他头顶是秋日明亮的天空，战争没有太残酷，即使死亡，也富有英雄的激情。而安德烈和皮埃尔，是托尔斯泰对人生关照的两端：一是对死的思索，一是对生的追寻。

在战场中，安德烈被炮弹击中，在最后的时间里，他变得温柔和善，疏离人世，他的内心被死亡占据。安德烈抓住门，他的恐惧使他用尽全力阻挡门外的死亡，可是门还是打开了，死亡一步一步地向他走来。他被束缚的内心忽然轻松了，因为对他来说，死就是醒。在那天以后，他从迷蒙的一生中醒来。他觉得人生的觉醒对人的一生来说，并不比一觉醒来对睡梦的人来说，来得更漫长。安德烈的思索是托尔斯泰关于爱的思考，爱是生，死是醒，这是一条通往安宁的路。

可是还有生的一条路。托尔斯泰把对生的探求交给了皮埃尔。因为战争，他得以通过死的恐怖、通过艰难困苦、通过他在普拉东身上所懂得的东西，得到了宁静和内心的和谐。他说，幸福是对其自身的否定。只有饥饿时，才能体会吃东西的快乐；只有寒冷时，才能体会温暖的快乐；只有渴望听人声音时，才能体会和人谈话的快乐。只有被拘禁时，才能体会自由的快乐。他想要去找无限的东西，于是他参加共济会，致力于慈善事业，可是他在这些伟大之中看到的还是渺小的世俗。但现在，他学会了在一切中看到伟大、永恒和无限。战争结束了，他和娜塔莎结为夫妻，温厚地生存了下去。他在琐碎的事物中找到了幸福。

而我仿佛站在托尔斯泰身前，只是俯身低头，不敢高声。反复品味安德烈和皮埃尔的生与死，只想起孔子评价公西华"赤也为之小，孰能为之大"。用文学来参照人生，思索历史，关注人心，托尔斯泰为我们书写了人类之间真正的爱与恨、生与死、战与和。

指导教师：张文慧

日本排放核污水时事述评

◎高三6班　东浩宇

对于日本于8月24日排放核污水的行为，我表示强烈的反对。

此行为无疑将开启一次新的物种大灭绝，利益不断交换的背后是自然被迫的更迭，理性的遮羞布后是资本疯狂的指控，日本经营学之圣的稻盛和夫早在2004年就注意到日本每40年一次的变革，从1868年明治维新到1985年的广场协议，看似上升的局面下隐藏着日本的社会矛盾，并预言了若还不改变，在2025年会有灭国的可能，而今从头看，预言似乎会成现实。

我国的沿海将在230天后被核污水侵染，在此之前，洋流会先携着污水在太平洋上划过一个不可挽回的伤口直达北美，据预计排海将持续三十年之久，但水循环仅在十年之内，就可以让核污水遍布世界，这一行为将世界人民的安全置之不顾，严重违背了人类命运共同体的发展理念。另一方面，相关经济也会备受打击，沿海旅游业，自然保护业，尤其是海产与渔业。排放初期就有盲目的网友在直播间攻击谩骂我们的同胞，诬称直播间中鱼肉已被辐射是乱带节奏，"兼听则明，偏信则暗"。我们应了解全貌后做适当评价，日本政府的锅不应该让中国渔民背。

核污水是核反应堆泄漏到冷却水中，是一种严重的核泄漏事故，其中含有 60 多种放射性元素，自然降解要成千上万年，日本政府不仅不做有效处理甚至将其排入太平洋打乱生态平衡，影响了自然的永续发展，将更多不确定因素注入了生物圈，随着一批又一批的生物消失在这颗蔚蓝的星球上，倘若再不收手，恐怕人类也会自食恶果。"往者不可谏，来者犹可追"，日本排海已成现实，在严峻的现实面前，我们应端正态度，不信谣，不传谣，积极践行环保理念。个人的力量是有限的，但大家勠力同心，便仍有望还给地球一片蔚蓝。

日本排放核污水伤敌八百，自损一千，我们有理由怀疑这背后有着更大的阴谋，是谁撒了弥天大谎，谁在受益，又有谁去承担？无论这是借口还是愚昧，无论我们将来要面临什么，祖国永远是我们最可靠的港湾。日本排放核污水是首例，但在未来不一定是个例。在暗潮汹涌的时代风口，中华儿女应心系民族复兴、国家富强。

指导教师：韩佳萍

缅甸诈骗时事述评

◎高三6班　高冀洁

　　近期，备受关注的缅甸诈骗就是利用了人们的贪心与欲望，想要一夜暴富，改变自己命运，想要干一些轻轻松松的工作，然后挣大把大把的钱，毫不费力地改变自己的生活质量。缅甸诈骗团伙打着高薪求职的名头，将受害者骗至缅甸，强制他们进行网络诈骗，如若不按照他们的意愿行事或者没有完成当天的任务便会遭受他们的暴力甚至受到生命威胁，而被骗去的受害者们，只能按照他们的要求照做，每天工作 18 个小时，连一点儿自由都没有，就更别提一日暴富的美梦了。

　　这一切的一切都源于人们的欲望与贪心，妄想不付出而收获本身就是一个错误的想法，我们要知道诱惑的背后只有陷阱，贪心的结果只有后悔。当然，作为一个没有被骗的普通人，我们也要提高警惕，保护好自己的个人信息，谨慎网络交友，买票时走正规渠道，等等。

　　另外，尽管我们都知道没有天上掉馅儿饼的事，没有无缘无故的收获，那为什么还会有源源不断的人被骗呢？这就不得不提到骗子们高超的诈骗技术了，除了上文所提到的高薪骗局，还有亲友骗局，利用亲友的亲密关系使人们放松警惕从而达到诈骗的目的，还有类似于酒吧骗局、行业骗局、出国骗局等五花八门的手段，这就导致搜集资料时不难发现很多高学历被骗的例子，比如博士张先生于 2022 年 8 月被骗入缅甸强制工作，他的家人和朋友发现端倪后报警成功将他救出，当他在社交账号上分享其经历时，大家关注更多的好像并不是诈骗的可怕，反而是学习无用论，他们认为学历那么高仍旧被骗，小学生都懂的道理博士都不懂，这使得张先生再也没有在账号上分享后续经过。在我看来博士被骗难道不是更加说明了缅北骗局的难以辨认与技术高超吗？而且我们谁都不能保证当我们处于受害者的处境时不会掉进骗局，其次无论是普通人还是博士被骗，对被害者进行网络群嘲本来就是一种病态的行为，我们更应该同情和正视受害者的不幸遭遇，而不是对他们进行语言暴力，给他们带来二次伤害。受害者既然勇于站出来说出自己的遭遇就是为了让大家提高警惕，反而却遭到了嘲笑和指责，那么愿意站出来发声的人就会越来越少，骗子们也会更加肆无忌惮地犯罪，所以我们在危险和邪恶面前更应该团结一心共同维护公平正义。对于我们青少年来说更应该提高警惕，现在的骗局开始不断转向学生，利用厌学情绪而诱导其去缅甸挣大钱，在这个信息不断发展的时代，我们更应该擦亮眼睛，明辨真假，好好学习！

指导教师：韩佳萍

抵制日本污水排海，保护人类海洋家园

◎初一5班　高瑾彤

日本军国主义，在二战期间肆意屠杀中国人民，视我们中国人民犹如猪狗。虽然日本最后战败并无条件投降，但那段屈辱的历史已经永远留在我们心中，带给我们无尽的伤痛。

日本近日又干了一件令人义愤填膺的事。在今年8月25日实施核污水排海政策，迄今为止已经排放了1000多吨污水，预计将在240天后影响中国海域！

这次核污水排海对世界各国海域造成了严重破坏，海洋的污染会威胁人类的健康。以下是我对日本排放核污水的一些分析与个人理解。

核污水是什么？

核污水，顾名思义，就是在冷却的核反应堆里泄漏的核废水。众所周知，水的分子结构包含氢原子，核废水里是包含跟氢的放射性同位素——氚，对人体基本无害；但核污水不同，它里面不仅含有氚，还包含了一些其他未经处理的放射性元素，其中有些放射性元素对人体危害很大。

为什么日本偏要将核污水排放入海？

日本政府认为，排放核废水是一种经过严格处理和监管的安全措施。排放核废水可以减少福岛第一核电站的运营成本，为福岛地区的恢复和重建提供更多的发展空间。日本政府还表示，其他国家和地区也采取类似的核废水排放措施。他们认为，通过透明和及时的信息共享，可以增强国际社会对核废水排放的理解和信任，避免不必要的误解和争议。

核污水对海洋和人类的危害是毋庸置疑的。

日本的核污水排放遭到了很多国家的强烈反对，这种行为对于海洋造成了巨大的破坏。它的放射性物质会对海洋造成极大的污染与危害，随着洋流移动，这些物质会逐渐扩散到整个太平洋甚至是全球的海洋里。

经考察，日本存储并要排放的核污水里，有很多对人体有害的放射性物质，这些物质在数千年里都不会完全消失。它会对人类的健康和发展造成严重的破坏。

如果放任日本政府排放核污水，我们最后可能真的只能凭借着儿时的回忆，讲述海洋的故事给我们的子子孙孙。抵制日本排放核污水是全世界人民共同的任务，我们应该携起手来共同保护生命的摇篮——海洋。

指导教师：梁曦丹

红楼之喻　熠熠生辉

——浅析《红楼梦》中运用的比喻修辞格

◎2020级高二1班　祖瑾如

　　初读红楼，年纪尚小，总是以读故事的角度来读，读书中的人物传奇、诗词歌赋、亭台楼阁、花鸟服饰，感觉目不暇接、心旷神怡；再读红楼，是在最容易感伤的年纪，读到最后，一片荒芜，爱恨情仇终成虚幻，繁华过处尽是悲凉，不禁掩卷闭目、满腹心酸；如今研读红楼，在情节内容背后又找到了作者的独具匠心，仅是多种修辞手法灵活神妙的运用就炉火纯青，常常令人拍案叫绝，尤其整部著作对于比喻修辞的巧妙运用，细细品读下来，满纸烟霞，越发感觉不吐不快。所以，本文试从人物形象和环境描写两个大的方面，来略微对书中比喻修辞的运用作简要分析，恳请方家批评指正。

　　首先在人物描写时，作者巧妙地"以物设喻"，使得人物描写更为突出，更为生动。主要体现在书中几乎每一个重要人物都有一个绰号诨名，这些绰号诨名皆由比喻而来，或概括了人物的相貌，或概括人物性格。

　　如以"美人灯儿"喻黛玉，言其苗条美丽，又纤细柔弱，体弱多病；以"玫瑰花"喻探春，言其娇爱可人，又锋芒毕露；以"辣子"喻凤姐，言其心毒手狠，泼辣骄纵；以"二木头"喻迎春，言其浑厚老实，如木头一般，木讷，懦弱。

以"燎了毛的小冻猫子"喻贾环，言其鄙陋、猥琐；以"没嘴的葫芦"喻尤氏，言其本分寡言；写尤二姐，说她是"花为肠肚，雪作肌肤"的人，一反专以花喻美好女子容貌的俗套，也形象地揭示了尤二姐善良的心地和懦弱的性格；写夏金桂的重己轻人"视自己尊若菩萨，窥他人秽若粪土"，写她的表里不一"外具花柳之姿，内秉风雷之性"；以"爆炭"喻晴雯，言其疾恶如仇、性情刚烈；以"哈巴狗"喻袭人，言其在主子面前的忠驯乖觉，奴才性格。这些生动形象的比喻，使文中人物更容易被了解。同时这些绰号诨名从不同身份的人口中说出，也写出了红楼中的重要人物在贾府众人的形象，让人感受到大家族纷繁复杂的人物关系和主从人物关系的好坏。

其次，在人物的外貌描写时，"比喻"的运用也使得描写更加形象而多彩。"两弯似蹙非蹙罥烟眉，一双似喜非喜含情目。态生两靥之愁，娇袭一身之病。泪光点点，娇喘微微。闲静似娇花照水，行动似弱柳扶风。心较比干多一窍，病如西子胜三分"是对黛玉的描写，言其眼似笼烟，眉似含情，静坐时像娇花映水，走动时像弱柳扶风，这些生动传神的比喻，使一个性格多愁善感，身形纤细苗条，面容美丽，但又体弱多病的才女形象活脱脱地跃然纸上。对于宝玉的描写更是大面积运用比喻，"面若中秋之月，色如春晓之花，鬓若刀裁，眉如墨画，面如桃瓣，目若秋波。虽怒时而若笑，即瞋视而有情"，运用比喻以黛玉之目视，描绘出一个面如冠玉、温文尔雅的公子形象，与之前王夫人的评价形成鲜明对比，也为宝黛之后的爱情做了丰厚铺垫。"唇不点而红，眉不画而翠，脸若银盆，眼如水杏。罕言寡语，人谓藏愚；安分随时，自云守拙。"对宝钗的描写也用了比喻，用最日常的事物，将一个面容姣好、安分守己的大家闺秀描写得细致入微。

再次，在人物性格塑造方面，比喻运用得也是异常熟练而自如。如用比喻写人物变化着的情态，写凤姐打趣宝玉、黛玉有"这会子拉着手哭的，昨日为什么又成了'乌眼鸡'似的呢"。到了贾母处，她又说："赶我到那里说和，谁知两个人在一块儿对赔不是呢。倒像'黄鹰抓住鹞子的脚'——两个人都'扣了环了'！"这种"连珠喻法"，"一物喻毕，又生出一物新喻"，使文章有层进的力量，禽事人事那突出的相似之点也使喻语形象化了，生动形象地写出了宝黛的亲密关系，同时也从侧面写出了凤姐的伶牙俐齿，尤其写出凤姐对贾母心思的深入揣度和不露痕迹的贴合。

还有在描写家庭人际关系的复杂时，比喻的运用，更是使得刻画极为形象精准，不差分毫。如探春说的："咱们倒是一家子亲骨肉呢，一个个不像乌眼鸡似的，恨不得你吃了我，我吃了你！"再如，写一个小么儿请柳氏偷几个杏儿赏他吃，柳氏啐道："发了昏的！今年还比往年？把这些东西都分给了众妈妈了。一个个的不像抓破了脸的！人打树底下一过，两眼就像那鹚鸡似的，还动他的果子！可是你舅母姨娘两三个亲戚都管着，怎么不和他们要，倒和我来要？这可是'仓老鼠向老鸹去借粮——守着的没有，飞着的倒有'！"这两例都是以禽事比人事。第二例亦属"连珠喻法"，将人事关系的紧张、刻薄表现得十分形象、生动，充满着市井味儿。

《红楼梦》描写环境景物也常用比喻，笔绘之处，景物纤毫毕现。书中写稻香村"有几百株杏花，如喷火蒸霞一般"；另一处，则"一树花木也无，只见许多异草：或如翠带飘飘，或如金绳蟠屈，或实若丹砂，或花如金桂，味香气馥，非凡花之可比"。这些比喻，显得色彩明丽，清新活泼，也形象逼真，触目生辉，将大观园中如仙境般的景象描写得形象生动，宛若目前。"琉璃世界白雪红梅"中，这样写大雪："天上仍是搓绵扯絮一般。""搓绵扯絮"一词不仅写出了落雪的浩浩荡荡，而且形象地写出了雪片的大小和质感。真是"状难写之景如在目前"了！"当地放着一张花梨大理石大案，案上磊着各种名人法帖，并数十方宝砚，各色笔筒，笔海内插的笔如树林一般。"探春房中装饰，书桌摆件，形象地写出了探春的才学、勤奋、男子气概。"那些奇草仙藤愈冷愈苍翠，都结了实，似珊瑚豆子一般，累垂可爱。及进了房屋，雪洞一般，一色玩器全无，案上只有一个土定瓶中供着数枝菊花，并两部书，茶奁茶杯而已。"这段对薛宝钗房间的描写，形象地写出了宝钗房间的素净，同时也表现出了宝钗的"罕言寡语，人谓藏愚；安分随时，自云守拙"。

《红楼梦》艺至绝顶，洋洋大观，绝非我一篇小文所能言及万一，斗胆以比喻手法为例，略作简析，意在抛砖引玉，期待诸位贤者大家对曹公巨著再做深入研究、阐释，引领我等青年对《红楼梦》继续深读精思，最终使得曹公匠心得以本真展现，更使得《红楼梦》这一传世巨著倍加熠熠闪光，与日月同辉。

指导教师：边　一

《活着》读后感

◎高二7班　闫雨欣

　　读完《活着》，让人不禁感慨富贵的命运之悲。无疑，富贵的一生是跌宕起伏的，以富贵的第一视角，向我们娓娓道来自己的一生。人要靠记忆来慰藉，要靠倾诉来释然，要靠平静来概括，要靠回首来彻悟。

　　在一个残阳将落的午后，带着自己复杂微妙的情绪，富贵讲述了自己的一生。他，从一个地主家的阔少爷沦落到只身一人的孤寡老人，最后只有一个与他同名的牛相依为命，陪伴终老。从我们的角度来看，觉得他的一生除了苦难，余下的也就只剩苦难了。但从富贵自己的讲述中，他的苦难也是充满着幸运和欢乐。他救下了待宰的老牛并在耕作时喊着虚构出的与其一起劳作的亲人的名字。只有他活着他的亲人就永远活着，他可以平静地向别人讲述他们的故事，他们在他心中不曾死去，在他的记忆中还是那样鲜活。一个美丽贤淑爱他的妻子，一双听话孝顺的子女，一个忠实厚道的女婿，还有一个聪明可爱的外孙。

　　曾看到正文的前言有这样一段话：一些意大利的中学生向

余华提出了一个十分有益的问题："为什么您的小说《活着》处在那样一个极端的环境中还要讲生活而不是幸存？生活和幸存之间的分界线在哪里？"

余华回答说："在中国，对于生活在社会底层的人来说，生活和幸存就是一枚硬币的两面，它们之间的分界线在于方向的不同。就《活着》而言，生活是一个人对自己经历的感受，而幸存往往是旁观者对别人经历的看法。《活着》中的福贵虽然历经苦难，但是他是在讲述自己的故事。我用的是第一人称的叙述，福贵的讲述里不需要别人的看法，只需要他自己的感受，所以他讲述的是生活。如果用第三人称来叙述，有了旁人的看法，那么福贵在读者的眼中就只是一个苦难中的幸存者。"生活与幸福，也许就如人饮水，冷暖自知。自己的人生，只有自己知道个中滋味。命运再好，也要经历风雨与黑暗。上天也许会为你预留一片阳光，只要你用心寻找，就永远不会站在阴霾下。

前几天，偶然看到一个视频，评论里有人说，这是真实版的《活着》。一位老人清楚地告诉警官，他的父母、妻儿、哥哥皆已去世。一位年纪70的老人，拉着重达七八百斤的树枝，一个傻弟弟，一只养了十几年濒临老死的狗。这就是他的人生。这是多么凄惨而又令人唏嘘的遭遇，或许，放在谁身上都会觉得痛苦万分。

然而，这位老人似乎并没有因为生活的不幸而变得黯淡，在与交警的谈话中，风轻云淡，开朗乐观。谭警官忍不住问："你这情况，放谁身上，谁都觉得特别痛苦，家里面发生这么多的变故。但我刚才见你好像特别开心，又是为什么？"

老人说："往前看。"

一句往前看，道出了他对于生活的释然，也是在认清生活的真相后，依然热爱它的英雄主义。

向前看，向前走。这也许是我们遇到任何苦楚时的心境。过去难以改变，一味沉湎于过去也无济于事，也只能是徒增悲伤。众生皆苦，苦苦不同。倒不如像富贵一样，向前看，向前走。

指导教师：王伟雄

读林语堂《武则天》有感

◎2014 级高二 8 班　田宇翔

政启开元，治宏贞观；芳流剑阁，光被利州。

　　武则天是中国历史上一位杰出的女政治家。以前我对武则天的了解，都是通过影视作品，不仅有野史和演绎的成分，还有今人杜撰的成分。对于我了解她这个人的本来面目帮助不大。书读过半，我才觉得我以前对武则天的了解实在太肤浅了，以至对武则天的崇拜全然是因为她的威风凛凛和女强人形象。我佩服她的果敢干练，羡慕她的智慧才华，但也并未忽略她的野心和权术，无视她的阴险和狠毒。

　　也许是历史的偶然和必然成就了武则天，使她前无古人后无来者。她的才华和能力超越了时代所允许她发挥的范围，这真是英雄的悲哀。"自恨罗衣掩诗句，举头空羡榜中名"的鱼玄机，"我报路长嗟日暮，学诗谩有惊人句"的李清照，时代和传统曾经让多少女杰扼腕叹息。然而，历史眷顾了武则天。武则天是一个奇迹，她在一个几千年来一直教导女子顺从的世界里雄飞高举，君临天下。在她的时代，禁区可以突破，命运可以改变，是激情和梦想造就了千古流芳的大唐气象。

武则天做了皇帝以后，励精图治，广泛搜罗人才，不拘资历，不问门第，任何人可以推荐人才，也可毛遂自荐，经过考试，量才录用，这就使科举得到了进一步发展。在武则天实际掌权的四五十年间，由于实行政治改革，打击士族豪强势力，基本上消灭了关中军事贵族部曲，使庶族地主的地位得到了巩固和上升，在封建地主阶级内部争夺财产和权力的斗争中，以武则天为代表的庶族地主取得了胜利。武则天广开才路，重用庶族地主和知识分子，扩大了其政治统治的社会基础。她重视农业生产，使社会经济得到发展，社会秩序也进一步安定。所有这些，在客观上都顺应了历史发展的潮流，造就了社会繁荣的局面。

然而，武则天当上皇帝的过程也是十分曲折的。武则天原名武媚，原是太宗的才人，但被太子即后来的高宗看中。太宗死后，高宗把她从感业寺接入后宫。武则天 14 岁入宫，因为太宗喜欢有才的女子，所以她在宫中读了很多史书，深知宫廷险恶。论智谋，论经验，她都比王皇后、萧淑妃强太多，因此略失小计就当上了皇后，代价是她亲手掐死了自己的小女儿。高宗即位十年后，高宗身体越来越差，诸事都由武后决定，武后与高宗并称为"二圣"。太子弘年少有为，对武后的做法经常不满，为了自己日后掌权不受威胁，武后竟毒死太子。后来的章怀太子李贤（武后二子）也被她幽禁后杀掉。高宗死后，她将三儿子李哲贬为庐陵王，流放在房州。又立四子李旦，而后代子执政。

书中两句话我记忆颇深：一是命运若不能创造一个伟大的女人，一个伟大的女人便会创造她自己的命运；二是武则天的处事原则为顺我者荣华富贵，逆我者有死无生。这两句话，估计天下也只有她配得上说。无论如何骂其骄奢淫逸、妄自尊大、阴险狠毒，作者也不得不挤出几句言不由衷的佩服和赞美。她，的确是个不一般的女人。

指导教师：边　一

读塞林格《麦田里的守望者》有感

◎2014 级高二 8 班　田宇翔

　　有那么一群小孩子在一大块麦田里做游戏。几千几万个小孩子，附近没有一个人——没有一个大人，我是说——除了我。我呢，就在那混账的悬崖边。我的职务是在那儿守望，要是有哪个孩子往悬崖边奔来，我就把他捉住——我是说孩子们都在狂奔，也不知道自己是在往哪儿跑。我得从什么地方出来，把他们捉住。我整天就干这样的事。我只想当个麦田里的守望者。

　　　　　　　　　　　　——霍尔顿·考尔菲尔德

　　这是本文主人公霍尔顿心灵最深处最想做的事，也是我触摸到这本书灵魂的最直接的敲门砖。霍尔顿是个性格复杂而又矛盾的青少年的典型，他看不惯现实社会中的那种世态炎凉，他渴望的是朴实和真诚，但遇到的全是虚伪和欺骗，而他又无力改变这种现状，只好苦闷、彷徨、放纵，最后甚至想逃离这个现实世界，到穷乡僻壤去装成一个又聋又哑的人。他用种种不切实际的幻想安慰自己，最后免不了对社会妥协，成不了叛逆。这可以说是作者塞林格和他笔下人物霍尔顿的悲剧所在。

看了这本书，我最大的感触是什么导致了霍尔顿有这样的心愿，是什么导致了出身于富裕的中产阶级家庭的一个中学生有了这样的奇怪的想法！文中霍尔顿的老师安托利尼认为："一个不成熟的人愿意因为某个理由而轰轰烈烈地死去，而一个成熟的人愿意因为某个理由而谦卑地活着。"我认为不成熟是其中一个原因。另一个原因是他所处的环境所导致的，一方面：学校里的无聊及一切虚伪，斯特拉雷德的自恋，阿克利的黑头、粉刺，以及虚伪的校长、老师、同学和功课、球赛等，全都让他腻烦透了。另一方面：成人社会的虚伪和做作，一些不好的甚至是一些变态的事情让霍尔顿厌恶。

然而在我们看来，霍尔顿不是一个好学生，但在他心里，却有着和其他孩子一样的天真和仁慈。两次乘出租车，他都问司机中央公园浅水湖里的鸭子在湖水冻住以后都去哪儿了这个好笑的问题，霍尔顿关心鸭子，他关心自然，他也有爱心。在爱德蒙旅馆里，看见一个老头儿当侍者，他觉得，让一个老头儿来干这样的事，未免太难了；还有遇到那两个提着不好的提箱，只吃面包片和咖啡当早餐的修女，他甚至为此还讨厌自己吃着咸鱼蛋什么的，还想着她们在布教的时候怎样拿了那只破旧的草篮到处募捐以及会遇到各种情况，甚至别人的冷眼。从这看出，他很有同情心。对霍尔顿影响较大的人有他的弟弟艾里，妹妹菲比，还有琴。艾里很早就死了，艾里死的那天，霍尔顿把玻璃窗全打碎了，直到手出血。可以说，艾里是他生命中最重要的人，这话一点儿不假。他的死，对霍尔顿来说，无疑是一次巨大的打击。他想逃离这世界，找到自己的精神家园。他和萨利说，他们可以到森林中去，自己搭建木屋，远离人们，就算是亲人来看，他们也闭门不出。

其实，霍尔顿不是讨厌这个世界，而是讨厌一些很丑恶的东西。在爱尔克敦的时候，那个可怜的詹姆士·凯瑟尔被一群家伙给弄死了，但那群家伙依旧逍遥法外，这个世界真的有很黑暗的一面，即使在今天，虽然国家很重视法治建设，但依然有在各种关系网的庇护下无视法律的人，我们大可不必为这些担心，因为说白了，现在的我们无法改变这个现状，就像霍尔顿无法改变那个时代一样，有的时候，我们做好自己就可以了。

这个社会就是这样，光明与黑暗就像太阳与阴影，形影不离，同时存在！看到黑暗的一面，就要想想光明的存在。相信很多人都曾经有过这种逃离社会的念头，但要相信，人作为一个社会成员的存在，不可能脱离社会存在！实在是太难过的时候，可以试试。就像几米的漫画《躲在世界的角落》，但请记得，只暂时地缺席，找到自己的路之后，继续走自己的人生路。

指导教师：边　一

大义灭亲还是亲亲相隐？

◎2014级高二8班　任　婕

今年有这么一条警方官方微博火了，原文为：因父亲总是在高速路上开车时接电话，家人屡劝不改，女大学生小陈迫于无奈，更出于生命安全的考虑，通过微博私信向警方举报了自己的父亲。警方查实后，依法对老陈进行了教育和处罚，并将这起举报发在了官方微博上。此事赢得众多网友点赞，也引发一些质疑，经媒体报道后，激起了更大范围、更多角度的讨论。

其实这件事情也不难分析，主要矛盾就是：在我们知道亲人触犯了法律的情况下，应该选择大义灭亲，还是亲亲相隐？

"亲亲相隐"最早见于文献《国语》，作为经典叙述的"亲亲相隐"则见于儒家经典《论语》"子为父隐"的典故。这是儒家"亲亲相隐"主张的原始出处，也是儒家最明确的原则性伦理意见或伦理主张。

"大义灭亲"出自《左传》石碏为国诛子的典故，而汉语大词典的解释是："维护正义，不徇私情，使犯罪的亲属受到法律的制裁。"

有人会问，那我不举报亲人，我不就犯了包庇罪，我不就触犯法律了吗？

亲亲相隐真的和法律相违背吗？在美国，夫妻之间没有相互作证的义务；德国、法国、意大利刑法都规定，明知近亲属有罪而不告发、包庇犯罪亲属、帮亲属作伪证、帮亲属逃脱，都不能判定为有罪。在我国，2012年《宪法》修改内容包括"经人民法院通知，证人没有正当理由而不出庭作证的，法院可强迫其出庭，但被告人的配偶、父母、子女除外"。

但我们要知道，亲亲相隐与窝藏不一样，亲亲相隐是知情不举，仅仅是不举报、不告发，是一种消极的不作为，这种不作为对公安、司法机关正常的侦查、起诉、审判活动并没有产生消极的影响和负面的作用。而窝藏都是以积极的作为方式实施的。因此，只要行为人本身并没有窝藏犯罪分子的主观意图，"知情不举"并不是窝藏。

我们从小接受的教育就是国家利益至上，提倡大义灭亲，然而，这种大义灭亲的行为，损害的是亲情，是家庭的和睦。张艺谋导演的电影《归来》讲述了一个小女孩儿为得到跳舞资格举报自己父亲的故事。要用多长的时间才能弥补这个伤痕呢？影片的结尾告诉我们，永远无法弥补。

先贤孔子就有"父为子隐，子为父隐，直在其中矣"之言。汉代宣帝时期，刑律就将亲亲相隐引入，当时的规定是：卑幼首匿尊长者，不负刑事责任；尊长首匿卑幼，死刑以外的不负刑事责任。汉宣帝为此还说了这样一番话："父子之亲、夫妇之道，天性也。虽有祸患，犹蒙死而存之。诚爱结于心，仁厚之至也，岂能违之哉?"

在我看来，无论是大义灭亲还是亲亲相隐，都要把握尺度。如果是亲人触碰法律，我们可以不举报但是绝对不能采用任何行动帮助其逃脱制裁。如果关乎国家利益，影响特别重大，那我们就必须从民族大义出发，要知道，此时你对他的"伤害"，才是对他最大的救赎。

指导教师：边　一

我关于振兴传统文化的一些认识

◎2014 级高二 9 班　赵文博

一　恢复正根的中国教育

振兴传统文化，要重新构建传统的中国教育系统，首先要正史观。

高中历史课本上讲："唐甄提出的为君之道和治国之道，主要有抑尊、节俭、用贤、纳谏、重民、明赏罚等，仍然没有跳出儒家修身、齐家、治国、平天下的理想。"[①] 配套的历史练习册上讲："明末清初的思想活跃，只是对传统儒学的批判继承，并没有从根本上否定儒学。"[②] 每当读到这样的句子我就头皮发麻：难道说明清之际的思想家的局限之处在于没有从根本上否定儒学，那么现在的价值观念的优胜之处在于从根本上否定儒学了吧？也就是说：要建设新文化，建设现代化，就

[①] 普通高中课程标准实验教科书《历史》必修第三册（人民出版社 2009 年 11 月第四版）21 页。

[②] 《创新设计》。

必然要从根本上否定以儒家思想为主导的中华传统文化吗？虽然这几句的本意在于说明明清之际思想家们没能跳出历史的局限性，仍然站在旧时代的思想基础上来看待儒学，依然把社会理想的实现寄托在贤君明主身上，但这样的话语，带给我们的不是辩证的历史态度，而是要从根本上否定以儒学为主体的传统文化的错误的历史价值观念。历史课本的这些观念性用语不当，是导致当代中国人历史价值观念扭曲，进而民族自信心、文化认同感不足的直接原因。

前不久中华吟诵学会①秘书长应邀到邯郸育华中学做吟诵②的宣传推广，邯郸市内大部分中小学都派了教师代表参加，然而许多教师都是应付了事，甚至出现了讲座中途退场的情况。据邯郸一中志同道合的同学说："有的教师甚至说：'已经扔掉了的东西，为什么还要捡回来？'我难以理解这些教师们的看法。"③我同样觉得这种看法是不可理解的。难道扔掉的东西是真的、好的、正确的，留下的是假的、坏的、错

---

① 中华吟诵学会，为了抢救、传承、推广吟诵，2010年1月24日，经教育部批准，民政部注册，在北京成立了中国语文现代化学会吟诵分会（中华吟诵学会）。该学会团结了一批有识之士，在近几年赴全国各地开展了抢救、采录、整理、研究的工作，并获得中央精神文明办、国家语委、教育部语用司的支持。开展了吟诵的宣传、推广工作。该学会是一个吟诵文化志愿者群众团体，也是唯一的全国性吟诵组织。其每一位会员都希望能为吟诵的传承、发展和普及尽自己的力量。
② 吟诵，中华传统读书法，汉诗文的传统读法（和朗诵相对），是诵读传统文化经典的基本方法。
③ 这段话是笔者好友任栗炳辰在乙未年中秋节与笔者通话时提到的。

误的，那么这个东西不应该把它捡回来吗？吟诵是传统文化精神的基础，是中华民族性格的一种独特表现，价值有多大，在此不做赘述。既然关乎文化传承的教师们乃至家长们这样认为，那么我们的孩子们的历史价值观念扭曲，轻妄浮躁，甚至说现在青少年中普遍存在的缺乏管教、品德低劣、玩物丧志的问题，都不能说是孩子们的问题。好了，一代一代的错误的历史观念教育下去，从大人到小孩会品德缺失、不知敬畏，还要拿出学来的变了味儿的西方"人性自由"的说法来强词夺理，这或许是几十年以来教育的极大悲哀吧！结果呢，现在所谓的传统文化，传统文化工作，有很大一部分都是假的、似是而非的东西，其实是百年以来被西方理论阐释过、扭曲过、掩盖过之后的所谓的"中国传统文化"。从教科书，到垃圾论文，到电视节目，到各种普及读物、影视漫画，都充斥着对中国历史文化的歪曲。凡是觉得我们中国的历史不如西方的，印象中国是贫穷落后、封建专制、等级压迫、男尊女卑、战乱灾荒、阴谋诡计、科技不明、民不聊生的，都是被毒害的结果。只要把历史人物和事件解释成利益之争、阴暗心理，终于是弱肉强食、成王败寇，大家就心满意足、频频点头。① 对待中华民族文化历史的观念扭曲，就必然全盘否定传统，所谓"肯定、尊重、理解、发扬中国传统文化"只能是纸上空谈。

改历史课本是第一步，必须以高度尊重的态度对待民族历

---

① "现在所谓的传统文化……频频点头"引自徐健顺《当代国学教育构想——当代国学的现状：基础教育尚未拼凑完整，亟待体系化》。

史和传统文化，重新树立民族与天下的历史观念。

相应的第二步是改革当今语文教材支离破碎的现状，"大道"的教育，要以修身为本，从格物致知，到诚意正心，到修身齐家，到治国平天下。要先学"小学"，即音韵文字训诂，外加现在强调的吟诵，不懂音韵文字训诂，读古汉语的基础打不牢的！要读经史子集，不读经史子集，是读不懂诗词歌赋的！好了，现在从幼儿园直接就开始学"白日依山尽"和"床前明月光"，以为这两首是最简单的诗，结果就闹出了用《登鹳雀楼》来励志、《静夜思》是思乡的笑话！小学从唐诗开始学，初中会学一学《论语》十则，别的还是只有诗词歌赋，高中呢，会有先秦诸子选读、文化经典选读，可也只是"选读"！文化的精神根本不全的！而"小学"的音韵文字训诂呢，都成了研究生专业，永远是只几个人学的！而且没人会吟诵，所有古诗文都是一字一拍毫无美感地读，这样支离破碎的语文教育能带给我们的印象只有诗词歌赋是丑陋的、温柔敦厚的性格是不可取的，再加上学语文只是用来考大学用的，有几个人会热爱那份纯正质朴的文化精神呢？

所以，要提倡传统文化，就必须从对人们的历史观念的拨乱反正开始，要正史观，就必须改历史和语文学科的教育，而且这两个学科必须有相当大的改动，最终改革僵化的应试教育体制。

二 "中体西用"

振兴传统文化的基本原则是"中体西用"，叫"中体西用，先体后用"。

那么有人就要说我，"中体西用"是错误的！没错，"中体西用"的确有问题。"中体西用"的概念，最初是晚清时期洋务派代表人物张之洞提出的，含义是保留中国的政治制度，学习引进西方的先进科学技术。很明显，维护腐朽落后的政治制度，不可能真正地富国强兵。很快甲午战争就击碎了洋务派的梦想。所以张之洞的"中体西用"是形而上学的"器变而道不变"论①。但我有一些其他的看法。

难道"中学"就是指旧制度、旧文化吗？难道"西学"就是指新制度、新文化吗？刚才说过了，这还是受到当代错误历史教育影响而产生的结论。我认为，辨别中西之学，不能以社会形态作为严格的标准。举个例子，改革开放以后，要计划还是要市场，起了很大的争论，最后的结论是：市场经济并不姓资，计划经济并不姓社，社会主义也可以有市场，资本主义也可以有计划。那么同样的，难道"封建主义"专制压迫就姓中，"资本主义"民主科学就姓西？社会形态只是社会发展的一个阶段，况且中国是农业文明，西方是商业文明，中国和西方的发展不是一个路数，因此，社会形态不同绝不能成为衡量中西之学的绝对标准。

衡量中西之学的标准，还应当是文化。人类之所以伟大，不是因为人能够征服世界，主宰世界；而是因为人拥有文化，

---

① 张岱年《中国文化与现代化》，普通高中课程标准实验教科书《语文》选修——《中国文化经典研读》96 页。

拥有精神。中华民族之所以区别其他民族而屹立于世界民族之林，是因为有着一套博大精深的中国文化。因而实现中国式现代化，就必然要以中国文化为主体和基石，相应地适当学习和了解包括西方文化在内的外来文化。

现在我们的学校教育，整个体系都是借鉴西方的，不管是学苏联还是学美国，反正都是西方的。这起自中华民国全面引进西方教育，兴建新学，废弃旧学。但是西方的教育在社会教育和家庭教育之外，有两条线：学校教知识和技能，教堂教理想和信仰。我们只引进了学校一条线。中华民国首任教育总长蔡元培说：以美育代宗教。他想在中国用美育代替西方宗教给国人教授理想和信仰。这条路彻底失败。百年以来，中国的教育就是瘸腿教育，所有的学校都追求知识和技能，一旦信仰丧失，学校就成为追名逐利的地方，校长和老师的态度已经解构了一切，所有科学知识和美育都在分数中化为乌有，学校已走下神坛，教育已成为追求急功近利。这样的教育体系是没有理想没有信仰的。必须明白，科学不是一种信仰，在西方，学校没有把科学作为一种信仰教给学生。在我们中国更是不可能，何况我们现在连科学是什么都没有教给学生，教的只是做题而已。与科学相对应的信仰是宗教，或者比宗教更久远更深层的个体主义和永恒观。科学一直是与宗教的斗争中发展起来的，或者说从开展实验实证来发展的。所以我们要做彻底的西方教育，必须以个体主义和永恒观为信念，并最好信奉宗教。这件事，可能吗？不可能。所以，一句话，中国教育以西学为体是走不通的，必须回到以"中学"为体的道路上，把"中学"

提到信仰的高度上，把西学降低到实用性的层次上，使之在信仰上不发生重大影响。[①]

首先只有学习中国传统文化，确立中国世界观，形成中国精神、中国品格，这样才不会在任何西方文化面前迷惑自卑，转而可以认真学习西学，并比西方人更深刻地认识西学，并从中国古老智慧出发，改造西学，为世界文明贡献力量，这样才能出世界一流人才。不然的话，一边学着西方文化，一边从潜意识里又受着中国文化的影响，不中不西，两边都在浅层次徘徊，最终邯郸学步，一事无成。[②]

三 由"文化精神"出发

传承文化精神，要坚持正直中肯的历史价值。一句"儒家是封建主义文化"就能把它一棍子打死，根本上否定，非要什么都不管就一味说"礼乐制度是维护奴隶等级制度的工具""儒家思想是封建时代控制人们思想的工具"。好嘛，这可算是直接从根本上否定中华五千多年来的文明成果，我可想知道这帮人从哪里学来的科学的历史研究法，西方文艺复兴、启蒙运动，都只是提倡个性自由，并没有触动西方宗教信仰的根基，怎么到了中国就要跳出"修齐治平"的理想？难道文化就是政治的工具吗？真正的文化精神是超阶级的，是全人类共通的。在这一层面上，我认为中国文化相比于西方文化，有

---

① 参见徐健顺《当代学校国学教育构想》。
② 参见徐健顺《当代学校国学教育构想》。

巨大的优越性。英国历史学家汤因比曾预言"如果中国文化不能在 21 世纪统一世界，那么整个人类的前途将是可悲的"。何不心平气和地、安安静静地深入了解一下我们的文化呢？当我们中国人自己看不起中国文化的时候，当我们妄自菲薄自己的历史的时候，外国人却看到我们的文化、我们的历史优秀的地方，甚至在他们眼里这种文化可能会统一整个世界。

回过头来，我们中国人对自己的文化又了解多少呢？反对儒家的，似乎连一本儒家经典都没有读过；反对道家的，似乎只是停留在宗教性质的认识，而未能看到道家世界观人生观的阐发；反对传统文化的，更是对传统文化几乎一无所知，只是因为要反对而反对，说不出一点儿道理来。

可悲的是，现在这样的中国人还真的不少。我想说啊，作为我们中国人，必须对本国的历史和本民族文化的历史观有一个中肯的认识，而不是站在批判的出发点上，研究历史和文化就是为了批判，这是有问题的。钱穆先生说：研究本民族历史文化应该多一些温情才是。我觉得，现在历史教育这样地扭曲，恐怕中国人对传统的态度除了痛恨就只剩下冷漠无情了吧？还要拿"每个人都有自己的兴趣"来为自己开脱，对本国文化一无所知、毫无兴趣，对外国文化顶礼膜拜不懈追求。所以说，在现在的中国，能做到中肯就不错了，至于温情和热爱，估计是我想多了。①

---

① 引自 360doc 个人图书馆——真友书屋收藏，《汤因比预言：中国文化将统一世界！》编者的话。

那么从新文化运动以来呢，高举旗号"民主""科学"，一百年过去了成功了吗？所谓"新文化运动"最后只是一场"白话文运动'，抛弃了中国传统教育的捷径，扭头就说文言文旧体诗难学，改雅为俗，看看现在的新诗成功了吗？还引进朗诵，诗坛死气沉沉，流行歌曲就兴起了。20世纪八九十年代真情洋溢的流行歌曲还好，看看现在的一些歌，低俗、丑陋，哪里能听得入耳?! 我想有人该说我是封建的卫道士。那么，在说之前，希望先弄清楚"封建"究竟是什么。封建，在中国，是封邦建国，就是分封制，封建社会在中国是西周到春秋时的社会性质，拿中国史上的"封建"二字来翻译西方的 Feudalism，代指中国后世两千多年的社会形态，是犯了名词纠缠之病。① 好了，那么又有人说，不管怎样我都是卫道士，我想说，想必就算是不创新，就算是死守传统，勉强还算作是一个中华子孙，也只该落得"僵化死板"的批评；一味地以为自己是在创新，不顾一切地疯狂地反传统，到头来全都是外国人的孙子! 必须首先守住老的精神、传统，才有资格谈创新，否则创出来的要么是自家地里的空中楼阁，要么就是给别人家盖了座房子。现在的中国创新，也是这样，要么没有精神内涵，要么只懂山寨，这是不行的。

四 对"文化产业"的一些简单看法

最后，我想针对上次张博文同学的演讲说一点儿我的

---

① 参见钱穆《国史新论》（新校本）九州出版社，第1页。

看法。

第一，传统文化产业问题。联合国教科文组织关于文化产业的定义如下：文化产业是按照工业标准，生产、再生产、储存以及分配文化产品和服务的一系列活动。从文化产品的工业标准化生产、分配、流通、消费的角度进行界定。[①] 因为是按照工业标准，对于文化精神就会有一定的影响。对待文化的产业化问题，我还是更支持波涛老师[②]的看法，搞文化产业，社会效益要重于经济效益。传统文化搞产业化更要慎重，尤其要注重社会效益。更要注重传统文化的"社会""天下""仁义"的精神内核，而不是经济效益。这件事情，必须特别慎重，因为一旦丢失了文化精神，那么搞产业反而对发扬文化精神起反向的作用。比如说，中国搞教育产业化这么多年了，似乎利大于弊：一搞了产业化，乱收费、教育腐败、教育资源分布不均的趋势更加明显。一边贫困山区里的孩子们上不了学，另一边清华北大还在考虑几十个亿的经费怎么拨下来。义务教育只免学费就妄称"免费教育"实际上是从国家的义务变成了家长的义务，保障孩子受教育权无从谈及！教育呢，也只教知识和技能，如果家长再疏于对孩子道德教育，社会的不良风气再一侵染，问题儿童不多才怪！老师不再受学生尊重，也理所当然：你老师来教课就是想要我钱的！我给了你钱不就行了！凭什么管我？大部分的老师也不会管孩子的心灵和人格

---

① 摘自搜狗百科"文化产业"。
② 二中政治老师刘波涛。

（当然二中的老师在这方面做得都还合乎事理），这样呢，搞产业，眼里只看到钱，流弊无穷。

第二，就是挑毛病了：吟诵不是民间艺术，传统的民间艺术也不能和吟诵相提并论。民间艺术充其量只是某一方面的民间文化，是狭窄的，是俗的！而吟诵则是全民族共同的读书方式，是诗文的创作方式和理解方式。读书，读的是文化经典，蕴含的是高尚的文化精神，这绝不是某一种民间艺术形式能与之相比的。诗文，是汉民族的雅文化，吟诵是汉诗文固有的创作方式和理解方式。抛弃了吟诵，就搞不懂前人为何要整出个格律来"束缚"人，高喊诗体创新整出一堆大白话、顺口溜，也把它叫作"诗"?! 抛弃了吟诵，诗文没有一句读对，也没有一句理解得对，你要是"白！日！依！山！尽！黄！河！入！海！流！欲！穷！千！里！目！更！上！一！层！楼!"这样读，那么你只能抠出大白话的意思说诗人怀抱雄心壮志，但是它是这么读的："白！日！依——山——尽——黄——河——入！海——流——欲！穷——千——里——目！更——上———一！层——楼——"你要是知道是这么读的，就知道其实没有雄心壮志，就是感慨时间流逝，感慨生命短暂罢了。虽然说可以有自己的理解，随你怎么理解，但你不能再说你的理解是对的了。

所以说吟诵是中华文化的根也不为过，不吟诵，对文化经典的理解就会有偏差，就更难深入其中的文化精神了。

指导教师：边　一

访谈录：平凡人的不平凡事

◎2014 级高二 9 班　马晓芳

时间：2015-7-6

地点：史家寨中学

人物：马晓芳、孙振贤

马晓芳：老师好，学校开展以"平凡中见伟大"为主题的暑期实践活动。今天前来，一是想来看看您看看母校，二来是有几个问题想请教您，还希望您能答疑解惑。

老师，我们这儿是贫困山区，教学条件不好，发展前景也并不是很理想，我记得您曾经说过，您是你们县中少有的优秀教师，而且父母身体不好，那您为什么还要申请到这里支教呢？

孙振贤：呵呵--不错，我是说过我的"丰功伟绩"，我父母的身体情况确实不容乐观，我来这儿支教确实也是我自己要求的。没有别的理由，只是想来体验一下农村生活，历练历练自己，同时也看一看美丽的乡村景色，最重要的是想帮助你们这些穷苦的孩子圆梦。要知道，父母一辈子生儿育女不容易，他们就好像一根竹子，开了花，结了竹米，那就是他们一生的精华，你们是他们的寄托和希望，他们当了一辈子的农民，知道农民的苦，他们不想让你们再受和他们一样的苦，所以把你们送到学校，让你们接受教育，长大之后摆脱农村的束缚有自己崭新的生活。我也是父亲，我自然明白父母的心，我不想让他们失望，更不想浪费掉你们这么好的人才。

马晓芳：老师，您过奖了。我们虽然受教育，但毕竟也是农村的孩子，受传统影响太深，即使有潜力，能够发展，也很难超过城市的创新。您这样做真的会改变什么吗？我们的潜力真的还会有很多吗？自从我去了石家庄，就觉得上高中并不适合我，这又是为什么呢？

孙振贤：人的潜力是无穷的，出生地并不能够决定未来的发展，虽然农村的孩子知识面不如城市的孩子广，但这些并不是限制你发展的理由。人的命运掌握在自己的手中，只要努力就一定会有收获，无论收获是大是小那都是你自己努力的成果。你说你不适合上高中，这只是你自己的想法，因为你在初中的时候无论在什么方面都是佼佼者，你获得的成绩让万众瞩目，现在你到了高中而且还是全省有名的高中，免不了有不如意的时候，但这些现象都是正常的。上一次月假有同学过来看我的时候也这样问我，可见这是不可避免的问题。所以这时候你不应该妄自菲薄，要看到自己的长处，要自信，坚持自己当初最本真的理想，别在意那些有的没的，毕竟人和人是不一样的。

马晓芳：可这都一年了，该调整的也都调整了过来，似乎一切都已经成了定局，不管我再怎么努力都无法改变，难道我的潜力已经被开发尽了吗？难道这三年下来我都会是这个样子吗？

孙振贤：毕竟你现在的学习环境和原来不一样，难免会有些不适应。并且在高中的学习方式和在初中的学习方式是不同的。初中知识不是很难且联系没有那么强，所以某一两处基础的知识漏洞不会对你的整体成绩造成多大的影响；但高中不同，高中的知识难度上升了一个等级且联系性也加强了很多，你之前有一点儿学不透就会影响你后面的学习，这在数学这一学科上表现得很是明显，所以说你并不是没有潜力，而是没能在你学习的过程中找到一种适合自己的学习方法，不能在高压的情况下从容地分配自己的时间，以致手忙脚乱，什么也做不好。你现在就应该根据自身情况制订一个适合自己的学习计划，在以后的两年中，根据变化进行调整，我相信高三的时候你一定不会再是现在的你了。不过有一点你要记得，不是调整计划之后状态也会立即改变，想要看到成果需要等待，也许是一个月、两个月甚至可能会是更长的时间，所以你要坚持住，不要半途而废，否则将会前功尽弃。

马晓芳：嗯，谢谢老师，我知道了，我会努力的。不过您不是说您支教一年半吗？按时间来算您应该去年冬天就回去了，但您为什么现在还在这里？您的父母他们的身体都还好吗？

孙振贤：这个问题很简单，我带的是初三，如果冬天就走，那剩下的半个学期学校又要重新为他们找语文和地理老师，想要适应一个新老师不容易，想当年你们适应我的教学方式用了多长时间？恐怕得有两三个月吧！你想想，寒假开学大概在二月，如果我走了，给他们两个月的适应期去适应新的老师，就到了四月，那剩下两个多月的时间里他们能真正学到的东西又有多少？我那么做只会断送了他们的前程，他们也不容易，虽没有寒窗苦读十年，但也花了九年的光阴，如果我这时候走了，和那些不负责任的老师又有什么不同？至于我的父母……我母亲在去年冬天已经去世，我父亲受不了这打击也在医院里待了两个月，现在在我姐家，已经好多了，孩子他妈有时候回去看看，我打算这次回了家就不再来了，在外两年，除了十一、暑假、寒假，基本上就没有回过家，也是该尽孝的时候了……

马晓芳：老师，那您什么时候动身？您回去之后打算做什么呢？

孙振贤：说走也快，我和你们物理老师还有英语老师商量着明天就动身，至于回去以后，如果有可能我还想继续去支教，远的地方去不了，就去近一点儿的地方。如果条件不允许我再外出，我想继续当教师，虽然很累，但是看着自己教的学生走到五湖四海我真的很开心，不管走到哪儿都会有自己的人，当老师不为别的，就为将来说起来的时候心里舒服。在我心里，老师是这天底下最好的职业！

马晓芳：老师，干这一行很苦的，有许多职业病，对自己的身体不好，您为什么还要坚持呢？

孙振贤：是，当老师很苦，也很累。但是，我苦得充实，累得高兴。我在教学的过程中实现了自己的人生价值。其实上学学到的那些东西等到了社会上真正能用到的并不多，只有教师这一职业可以让这些东西成为你生命中的一部分，让它物有所值，真真正正地实现它自身的价值，我父亲经常给我讲他小时候的事，那时候家里很穷，没钱供孩子上学，父亲就趁着下田的时候在学堂外偷听，有一次一不留神让教书先生抓住了，吃了一顿"竹板炒肉"，邻家的祖父识得几个字，看父亲学得辛苦就教他识字，但没多久，祖父就去世了，此后父亲便立志成为一名教师，来报答祖父的恩情。但"文革"使父亲失去了这一机会，所以他从小教导我要励志成才，受父亲的影响，我从小就对老师有一种特殊的感情，所以长大后就成了老师。之所以坚持，一是为了实现父亲未能实现的梦想，二是我喜欢这个职业，但你长大之后千万不要去当老师。

马晓芳：这又是为什么呢？您不是说当老师很开心吗？

孙振贤：对，开心是真的，但苦与累也同样真实，尤其是刚参加工作的那几年，看看你们数学老师王老师就知道了，当初还不是被你们气的！一个年纪轻轻的姑娘，千里迢迢来到这容易吗？对你们那么好，你们还不知道尊敬人家，最后把人家气病了吧！像人家这个年纪的女孩儿，本应该在某个公司里当文秘或是经理的，却不怕辛苦跑到这里来给你们这群顽皮孩子当老师，你们不懂得珍惜。我问你如果你以后当了老师，遇上了这种情况，你会怎么处理？走之而后快还是怎样？我想你没有那个耐心吧，既然没有就不要去浪费时间，到最后什么也没有。

马晓芳：嗯，老师，谢谢您。和您谈完之后我觉得心里敞亮了许多，您明天就要走了，我本来还想等咱们这边高中放了假咱们再聚一次呢，高中前的暑假聚了好多次我都没去，除了我们村里的几个其他人我都没有再见过，现在想想当初就不应该不去，现在再想见见都等不到合适的机会了，他们三年之后没准都忘了我了吧！有了新的朋友他们还会一直记得我吗？

　　孙振贤：没事，我觉得一定会记得的，等三年之后你们都毕业了，你们可以去找我，到时候咱们好好地聚聚。

指导教师：边　一

缪斯的低语

——读莎士比亚十四行诗有感

◎2014级高二9班　傅天童

> 很多作家在万神殿外准备进殿。这时候来了一个人，不和任何人打招呼，昂首走入了万神殿。这个人就是莎士比亚。
>
> ——摘自安东尼·伯吉斯《莎士比亚》

莎士比亚是伫立在时空尽头的观望者。

多数人认识莎翁是通过他举世闻名的戏剧，然而他在十四行诗方面的造诣也不容小觑。诗集分为两部分：第一部分为前126首，献给一个年轻的贵族，诗人的诗热烈地歌颂了这位朋友的美貌以及他们的友情；第二部分为第127首至最后，献给一位"黑女士"，描写爱情。然而受赠诗歌的对象对于今天的我们来讲，似乎并不是那么重要；而诗中的内容，也远远不止这些。

他的羽毛笔在文艺复兴的光辉中划破了时空的一角，那是人心所在的部分，因而他诗神缪斯的低语随着一代又一代人的血液流传至今。他说时间会划破青春的华丽外壳，把平行线刻上美人的额角。他请求道：不要在我爱人美丽的额头上刻下苍老的痕迹，也不要用你无情的笔涂画僵硬的线条。他温柔地承诺：只要有人类，或人有眼睛，我的诗就会流传并赋予你生命。他又站在宇宙的制高点大声宣告：为了对你的爱，我会与时间奋战到底，而对于他所夺走的，我将把全新的嫁接给你。

宇宙本身便是一个永葆青春的孩童，而伫立在时空尽头的莎士比亚和他的羽毛笔静静地观望着他的一举一动。

他用孤独的羽毛笔在无数个漫漫长夜写下梦境与现实的阴晴，那是他代表全人类发表的庄严声明。他说：当我的双目闭得最紧时，看得也最清晰，而在白天它们却被嘈杂无用的东西填满。他庆幸：若能够凝望你在光天化日中，我的眼睛会感到多幸运。他幻想：既然轻灵的思想可以飞越海洋和大地，一念之间便能到达你所在的地方。他怅惘：所有的白昼都是黑夜，直到我看见你，而（在那之后）变成灿如白昼的黑夜用梦境向我展现你。

在时空的概念里没有梦境和现实的定义，知道这一点的他悄悄告诉自己的羽毛笔。

他的诗句中蕴含了爱情、现实梦境、时空交错、原始的人类欲望……在恢宏的人类历史中恍若明星，照亮了人类从脚下蔓延到各个方向的影子，这些影子相互叠加，穿越了时空中人类驿站里的每一寸呼吸。

那是人类的影子，正如伫立在时空尽头的他一样，不属于一个时代，而属于所有世纪。

指导教师：边　一